疫情防控常态化背景下的

云南文化和旅游发展研究

云南省旅游规划研究院暨中国旅游研究院昆明分院　编著

中国旅游出版社

前　言

2020年春节期间，突然暴发的新冠肺炎疫情给旅游业带来巨大的影响，旅行社、景区、酒店、民宿等要素行业经营主体受到严重冲击。

面对来势汹汹的新冠肺炎疫情，云南省旅游规划研究院暨中国旅游研究院昆明分院快速行动起来：2月7日，发布“致云南省旅游研究学术委员会全体委员的一封信”和“致云南省旅游智库联合体成员单位的倡议书”，号召大家行动起来，聚智抗疫。2月11日起，在云南省文化和旅游厅的支持和指导下，分别在“云旅四季论坛”微信公众号上开辟专栏发声；与“一部手机游云南”合作，每周两位专家连续三周开展线上培训第一期课程；以云南省旅游研究学术委员会专家为主力，开展“云旅四季网络沙龙”活动，聚焦疫情影响，提供专家观点。2月19日，以《旅游研究》杂志为平台，公开面向全国征集“新型冠状病毒肺炎疫情对旅游业带来的冲击、影响及应对”学术论文。

编委会对上述专家研讨、行业对话、学术论文进行了分类整理、编辑。本书共分六章。第一章以抗击疫情与疫后旅游发展为主题，由窦志萍教授主持，朱晓辉、臧国书、范德华参与讨论；第二章以“不同类型旅游目的地抗疫与复苏”为主题，由吕宛青教授主持，唐雪琼、朱桂香、蒙睿、李庆雷参与讨论；第三章以“抗击疫情与云南旅游市场复苏”为主题，由田里教授主持，赵书虹、姜若愚、赵建军参与讨论。第四章是行业对话（抗击疫情与旅游行业发展），邀请餐饮、景区、民宿等不同行业优秀代表，就新冠肺炎疫情产生的影响及企业应对措施展开对话。第五章是学术论文，各位作者结合相关理论对新冠肺炎疫情产生的影响进行全面系统分析。第六章是咨询报告，结合新冠肺炎疫情对旅游各领域的影响，提出具有较强时效性和操作性的对策建议。

疫情尚未过去，但疫情终将过去，疫情前一阶段行业专家们的思考与见解对进一步做好疫情精准防控和行业恢复发展有较好的参考和借鉴价值。

云南省旅游规划研究院暨中国旅游研究院昆明分院

2022 年 4 月

目　录

第五章　学术论文

第六章　咨询报告

第一章　疫后旅游发展

疫情对旅游市场的影响

云南财经大学　朱晓辉

2020年的新冠肺炎疫情给中国经济、社会运行带来了巨大损失。从相关数据看，其影响超过了2003年的非典，由于旅游业的"敏感性"和"脆弱性"，疫情对旅游业影响更大、更显著。疫情发生以来，业界专家、学者、企业家们对疫情带来的影响和应对措施提出了自己的观点与建议。在这里谈一下笔者个人的一些思考。

一、疫情对旅游业的影响巨大

春节不仅是中国人阖家团圆的日子，还是旅游的黄金旺期。疫情的突发使人员流动暂停，导致旅游业停摆，疫情对旅游业的影响主要基于以下几个方面。

（一）在公共卫生危机事件中，传染病对旅游业的冲击最大

2003年非典的危机使中国旅游业自1989年以来出现第一次负增长，造成当年的旅游总收入较上年减少了2768亿元。但就目前的测算，2020年春节黄金周旅游收入就损失了5000亿元，比2003年超出了将近一倍，更有专家预测，2020年旅游收入会在2019年的基础上有30%~40%的负增长，从量上来说，比2003年严重得多。

（二）在国际旅游中，入境旅游是重心，旅游形象的受损使得入境旅游雪上加霜

从国际旅游的角度来看，我国从21世纪以来一直以出境旅游为主，入境旅游发展较为缓慢，尤其2012—2014年三年中连续负增长，2015年“一带一路”倡议以后才逐渐有上升的迹象，但是增长也是比较缓慢的。2017年我国入境过夜旅游6074万人次，其中外国人入境过夜旅游2248万人次，分别增长了2.5%和3.8%，2018年，我国入境过夜旅游6290万人次，其中外国人入境过夜旅游2364万人次，增长速度均低于3%。在国际旅游中，重心是入境旅游，疫情的暴发使得中国的国际旅游受损，导致入境旅游雪上加霜。

（三）出境旅游受到严格的限制

中国是世界旅游的主要客源国，对世界旅游业的贡献率比较大，达到12%。平时大家都希望中国的游客到各个国家去旅游，但由于疫情的影响，尽管世界卫生组织不建议对中国实行旅游限制，但是到2月7日，还是有102个国家对中国的出境游采取了十分严格的入境政策，如中断航线、关闭海关、航空禁飞、签证暂停等，限制了中国游客的出境游。

（四）云南旅游业严重受挫

2003年云南是中国大陆没有出现非典病例的省份之一，在当时严控的基础之上，“省内游”成为“非典”期间云南旅游客源的主体，云南本地游客是客源的一个主体，“神奇迷人彩云南，健康安全旅游地”的云南形象在“非典”结束后使云南快速成为中国旅游的首选。但在2020年的疫情危机影响和前几年云南行业危机的双重受挫下，云南的景区在疫情发生初期，根据疫情防疫的需要全面关闭（共关闭景区545家，其中A级旅游景区304家），旅行社基本停工（全省1047家旅行社暂停了旅游经营活动），旅游演艺事业停止（取消了164场）。此外，还取消群众性文化活动2407场；关闭全省公共文化场馆1844家，关闭开放的文物保护单位1069个。目前为止，虽然有一些景区已经恢复了开放，但游客数量及抗击疫情的压力使得效果不尽人意。同时，和云南

接壤的缅甸、越南和老挝也对出入境提出了管制的措施，出境游纷纷退团，入境游都取消了来滇的计划，文旅企业的生存和员工的生活面临着严重的困难。云南的旅游业在此次疫情危机中深受打击。

二、旅游业应对新冠肺炎疫情的措施

“发展才是硬道理。”2020年2月8日，全省疫情防控工作电视电话会议上，省长强调了各级各部门要在抓好疫情工作的同时，确保全省经济社会平稳健康发展。会议指出，要提前谋划发展旅游新业态、新产品，持续推进旅游革命，展现云南旅游新形象，为疫情过后的旅游产业发展奠定坚实基础。

（一）疫情期间，吃透政策红利，并积极展开自救

文旅企业在短期内难以恢复正常经营，在无营收或低营收的情况下，仍背负房租、工资、利息、保险、税金等刚性支出，极有可能发生现金流断裂的情况。部分体量较小、抗风险能力较弱的文旅企业将面临关门歇业的困境，亟待政策扶持渡过难关。

1. 落实国家财政、税务、金融、旅游等支持政策，享受政策红利

2020年2月1日，中国人民银行、财政部、银保监会、证监会发布通知，提出三十项措施进一步强化金融对疫情防控工作的支持。通知明确指出：对受疫情影响较大的批发零售、住宿餐饮、物流运输、文化旅游等行业，以及有发展前景但受疫情影响暂遇困难的企业，特别是小微企业，不得盲目抽贷、断贷、压贷；对受疫情影响严重的企业到期还款困难的，可予以展期或续贷。通过适当下调贷款利率、增加信用贷款和中长期贷款等方式，支持相关企业战胜疫情灾害影响。

2月6日，财政部、税务总局出台《关于支持新型冠状病毒感染的肺炎疫情防控有关税收政策的公告》，公告称，受疫情影响较大的困难行业企业2020年度发生的亏损，最长结转年限由5年延长至8年。困难行业企业，包括交通运输、餐饮、住宿、旅游（指旅行社及相关服务、游览景区管理两类）四大类，具体判断标准按照现行《国民经济行业分类》执行。困难行业企业2020

年度主营业务收入须占收入总额（剔除不征税收入和投资收益）的 50% 以上；2 月 6 日，人力资源社会保障部、财政部等就支持中小微企业稳定就业制定了相关政策，并指出“对受疫情影响暂时失去收入来源的个人和小微企业，申请贷款时予以优先支持”；2 月 6 日，财政部、国家发展改革委发布公告指出，2020 年 1 月 1 日起，“免征航空公司应缴纳的民航发展基金”；2 月 6 日，文化和旅游部办公厅发布《关于暂退部分旅游服务质量保证金支持旅行社应对经营困难的通知》。通知指出，文化和旅游部决定向旅行社暂退部分旅游服务质量保证金。暂退标准为现有交纳数额的 80%。暂退 80% 旅游服务质量保证金，能缓解旅行社短期内猛增的现金流压力，支持旅行社更好、更及时地为游客提供“延改退”服务，一定程度上为旅行社减轻了负担，提振行业发展信心。

2. 制定相应适合实际的财政、金融、旅游政策

（1）建议出台《云南省关于有效应对疫情支持旅游企业发展的政策措施》，财政可安排专项扶持资金用于稳定云南省旅游市场，支持旅游企业发展，特别是受疫情影响经营困难的本地旅游企业。如成立“文旅产业扶助基金”“文旅突发事件应急保障基金”等。

（2）建议出台促进中小微企业发展的措施，按照有关规定，对经营规范、信誉良好的旅行社，可全额退还质量保证金，对受影响较大的行业企业，经相关行业主管部门确认，可将疫情影响期间应缴社会保险费征收期适当延长（如至 7 月底）。

（3）结合实际情况，加大文旅企业信贷供给等，可通过完善转贷安排、降低贷款利率、实施信贷重组等多种方式予以支持。

3. 旅游各级部门要指导相关旅游企业积极开展自救

（1）云南省各级文旅协会组织，行业协会此时需要扛起社会责任，有针对性地行动起来，可以借鉴某些省份旅游协会组织的一些措施，结合云南疫情中的实际情况制定一些“贴心”“暖心”的政策帮助企业度过“寒冬”。比如减免协会会员的会费、免除酒店加盟管理费以及提供一些支持资金等举措。

（2）指导企业抱团自救。在疫情期间，企业不能“等、靠、要”，在关注疫情的同时要积极的想办法抱团度过“寒冬”，首先要确保自己“活下来”，疫后才能发展，其中很重要的就是要稳住员工，避免员工的大面积流失。其次要围绕健康生活目的地的主题展开特色乡村旅游、康养旅游如何和市场需求做到无缝对接的研究和思考，站在消费者的角度考虑问题，而不能将眼光停留在我有什么产品上，更多地要思考消费者需要什么产品。

（3）指导旅游科技类产品如“一机游”的线上旅游方式创新和各类型“博物馆”的线上展览和展示。

（二）尽早应对疫情过后可能带来的文旅消费市场的复苏

疫情是危难，也可能是难得的喘息良机。对于疫情结束后的市场复苏，需要提早谋划。

一要鼓励文旅研究团队展开研讨，针对疫情过后市场调整带来的可能变化的旅游需求方式和层次，科学研讨云南文旅产业结构变化和优化问题，定位和培育疫情后云南文旅的品牌形象、打造品牌企业、提升品质产品，为提供优质云南旅游服务做好准备。国际旅游在近阶段很难复苏，但是国内旅游市场的复苏可谓近在眼前，通过科学的研讨行业结构，明确疫情以后云南文旅市场的一些细分市场该如何打造，为疫后游客提供品牌产品，将疫情带来的损失降到最低。

二要结合云南“健康生活目的地”的定位，除尽快做好品牌建设，在疫情过后通过市场营销、渠道重建恢复流量（接待人数）与数量（营业额）外，支持衍生文旅产业的发展，创新文旅发展新模式，打造创新型旅游平台和企业，推动“跨界”文旅产品，尤其是健康旅游产品的快速发展将是下一步云南旅游发展的重点。

三要做好文旅企业员工公益性或半公益性的网络自我培训、业务培训、技能培训，保证尽可能减少文旅员工的流失。

四要有效做好文旅媒体的正确舆论引导，正确认识云南旅游产业发展特征和危机应对规律。

（朱晓辉：云南财经大学旅游文化产业研究院副院长、教授）

抗击疫情常态化背景下体育旅游健康发展的思考与认识

曲靖师范学院　臧国书

2020年春节，新冠肺炎疫情来势凶猛，对我国经济和社会发展造成了巨大影响。疫情对旅游业的冲击如何评估，疫后如何艰难复苏，业内很多知名专家、学者提出了不少建议对策，认真阅读后受益良多。作为云南体育旅游研究基地的一名研究者，看着朝气蓬勃发展的云南体育旅游遭遇寒冬，倍感压力与责任。下面我就云南体育旅游如何认识困难与机遇，如何把握发展趋势、如何健康发展谈一些思考和认识，请各位同行批评与指正。

一、认识当下体育旅游的发展困难与机遇

从困难层面看：2020年1月24日，文化和旅游部为做好新冠肺炎疫情的防控工作发布了暂停旅游企业经营活动的紧急通知。作为“国际高原体育城，健康生活目的地”的曲靖，疫情期间，具有市场吸引力的体育赛事、独具特色的群众体育运动、与体育旅游融合的相关旅游产品受到疫情影响，都没有能够顺利推出。曲靖的体育旅游行业和全国各地一样，大量的社会力量在内的各级体育经营场馆基本处于停开的状态，与体育旅游相关的企业，原本十分火热的线下培训完全停摆。

从机遇层面看：毫无悬念，在以习近平同志为核心的党中央坚强领导下，我们14亿中国人民必将战胜新冠肺炎疫情。新冠肺炎疫情之后，云南体育旅游必将遇到千载难逢的历史机遇。一是新冠肺炎疫情之后，国家势必加大投入，补齐人民群众强身健体持续需求的短板。二是新冠肺炎疫情之后广大民众也会不断认识到体育强身健体的重要性，人们对体育锻炼、强身健体的消费需

求将会激发体育旅游的新动能，催生新业态。三是人民对健康生活的向往会为体育旅游提供持续增长市场需求；四是云南独特的地理、山水、民族文化等资源会为发展独具魅力的体育旅游提供源源不断的创新要素。

二、未来体育旅游业发展的新趋势

一是体育旅游产业和互联网的融合。传统的体育旅游产业依赖场地场景发展，新冠肺炎疫情之后，势必加快呈现线上、线下多元化的经营模式。主要表现在以线下场景为主的健身休闲产业和旅游产业必将加强线上的培训。

二是体育康养与休闲健身旅游产品将会成为市场新宠。新冠肺炎疫情的影响，不仅仅是一个短期冲击，从深层次来讲影响着人们对体育旅游产品的选择。新冠肺炎疫情期间，居家体育健身、养生企业为家庭锻炼和培训提供了很多线上“产品”，新的“产品”不断地延伸出来，加快了体育旅游行为模式的变化。新冠肺炎疫情后，体育健身、养生与体育旅游的场景、场地有机融合，开发生态体育旅游、健康体育旅游产品会成为体育旅游新的发展方向。

三是体育旅游的配套设施与服务将会迅速上升。随着人们对健康生活需求的提升，传统体育旅游的健康、卫生、安全及其配套设施与服务产品必将升级换代，催生更为系统的由体育旅游与康养、健身等融合而成的产品。以健身休闲为特色的体育旅游产业将会很快复苏，以体育康养为目的地的发展将会长远利好。

四是疫情加快了体育旅游产业危机管理体系的建设。危机管理系统将成为新冠肺炎疫情后体育旅游健康发展的标配，构建和体育旅游相匹配的危机管理体系，提高预测和抵御未知风险的能力，将成为体育旅游健康发展的关键。

三、体育旅游业发展的微思考

一是强化底线思维与责任担当。体育旅游市场的发展需要体育旅游企业主体不断强化确保安全的底线思维，尤其是依赖大型场馆的赛事体育旅游一定要把安全放在第一位。不仅要确保顾客和员工的安全，还应该力所能及地提供自己所从事服务专业领域的一些公共服务产品，提供给社会公众一些科普性的知识，包括一系列居家健康服务的内容。这也是体育旅游企业应该强化的责任担当。

二是系统研究政策与用足红利。国家、省、市对体育旅游乃至整个旅游行业的支持政策一定会有新的变化和新的动向。建议体育旅游企业要投入一定的资源与精力，系统地研究国家、省、市的政策支持体系，更好地用足信贷扶持，康养、健身、户外等专项财政补贴，中小企业税款低缴优惠，房租减免保障，创新创业扶持，金融支持等政策，用足国家、省、市的政策红利，合法合规降低新冠肺炎疫情对企业的负面影响，助推体育旅游的健康发展。

三是科学研判取舍与不断创新。体育旅游产品细分化的程度将不断加深，速度将不断加快，这样才能满足不断增长的消费市场的细分需求。建议体育旅游企业，尤其是中小企业，要借此机会，静下心来，认真梳理自己的产品体系，做出科学研判，做好取舍选择。该舍的一定要舍，该停的一定要停，不能贪大求全。在市场细分化背景下，科学研判自己在整个行业或者一定区域内，最具有竞争力的产品，最核心的竞争要素，一定要持续投入与不断创新，保持产品在行业竞争中的核心地位。对那些“鸡肋”式产品，要借此机会，痛下决心，甩掉包袱。只有科学研判，取舍得当，保持核心竞争力，不断创新，体育旅游企业才会行稳致远。我们坚信，云南的体育旅游一定会为云南健康旅游目的地的打造贡献好力量，发挥好支撑作用。

（臧国书：曲靖师范学院教授）

充分发挥乡村旅游在旅游复苏中的作用

云南省旅游规划研究院　范德华

新冠肺炎疫情对旅游业的重大影响不言而喻。这是21世纪以来，范围最大的、时间最长的、最严重的一次疫情灾害。许多专家学者、业界精英、政府部门领导对其影响和应对措施都有众多的见解。在这里仅就疫情防控解除之后，乡村旅游对旅游行业复苏的重要作用，谈谈个人的观点。

一、旅游业复苏后，乡村旅游将成为旅游者的重要选择

旅游业的复苏是必然的，毋庸置疑。云南省和海南省相继在2月20日面向疫情防控等级低的地区的游客开放。由于疫情防控未结束这样的特殊情况，旅游者在选择旅游产品及旅游目的地方面，将选择以室外为主，选择乡村旅游、自然旅游资源A级景区、康养度假地这三大类旅游产品和旅游目的地。尤其乡村旅游将成为旅游者的首选。

（一）乡村旅游独有的吸引力

自1月下旬开始封闭，到疫情防控结束，从目前的疫情防控情况来看，至少在一个半月以上。当疫情防控取得阶段性成果之后，人们需要找一个释放心理压力的空间（比观光游览更重要）。乡村生态环境开放、空旷、清新，自由度很大，同时，相对景区旅游，乡村旅游的生态餐饮对游客更具有吸引力。乡村旅游将成为人们出游的首选。

（二）旅游者出游以短途和中途为主，乡村旅游区位正符合

疫情缓和或抗疫成功后，旅游者出游的选择会以短途和中途旅游为主，尤其是短途的乡村旅游，更具有吸引力，如省会城市、地级市和县（市、区）所

在地周边乡村旅游。

受疫情传染方式的后遗症影响，在疫情防控刚结束时，旅游者选择出行的方式是以自驾游为主体，团队旅游行为作补充。因为自驾旅游出行方式安全，可避免交叉感染；同时便捷，说走就走，乡村旅游正满足。

（三）乡村旅游的丰富业态，可以满足不同游客的需求

通过多年的培育、打造，全省各地的乡村旅游无论是规模、质量、业态都得到了很好的发展，业态丰富，具有农业景观观光、农事民俗体验、农家乐休闲、乡村度假等业态产品。这些业态产品可以满足不同游客的需求。

二、加强指导，积蓄待发，做好应对措施

基于以上对疫情防控结束后旅游者旅游行为的判断，各地乡村旅游要做好应对措施，迎接旅游业的复苏，发挥乡村旅游的重要作用。

（一）加强指导，做好策划

由于目前各地乡村旅游没有形成如景区协会、饭店协会等这样的成熟行业协会，多以自发性为主，所以州市、县市区、乡镇政府及文旅部门在做好疫情防控工作的前提下，不仅要从乡村旅游的脱贫扶贫功能、乡村振兴功能的角度出发，还要以乡村旅游对旅游业复苏重要性的高度来重视本地区乡村旅游复苏的指导工作。

（二）积蓄待发，做好各项准备

各乡村旅游点，提前做好相应的精神准备、物质准备、环境准备等。一是结合疫情防控，做好环境打造，整洁卫生，为旅游者的到来提供一个优雅的环境；二是结合疫情防控期间乡村封闭的条件，在自家农田和居住区域，栽培蔬菜、水果，饲养家禽。为疫情防控结束后迎接游客做好餐饮食品储备和采摘体验条件。

（三）发挥乡村民宿、都市农庄的积极作用

经过多年来的打造，在一些地区形成了乡村民宿、都市农庄这样的乡村度假产品。疫情防控结束以后，这样的旅游产品将进一步受到旅游者的喜爱。

（四）发挥互联网作用，加强智慧旅游基础建设

考虑到疫情防控结束后，可能出现的旅游井喷式增长，特别是周末乡村旅游，应做好智慧旅游基础建设，应对可能出现的各种状况。及时发布接待游客信息，避免由于游客爆满、服务质量不到位而引发的矛盾和纠纷。

（范德华：云南省旅游规划研究院教授）

云南旅游恢复发展、创新繁荣的思考与建议

昆明学院　窦志萍

受疫情影响，很多产业受到了很大的影响，特别是旅游业，以及与旅游相关的餐饮、交通、景区等。抗击疫情，每个人都是参与者，大家都在用不同的方式支持参与抗击疫情的战斗。抗疫期间，很多的旅游人虽“宅”在家里，但时刻关注着抗击疫情进展，都在力所能及地发挥着自己的能量，有的在为因疫情不能出行的游客处理后续事宜，有的利用多年积累的“朋友圈”为抗击疫情筹集抗疫物资，有的积极主动联系客户为疫情过后的恢复做着准备，有的在思考疫情过后产品的创新……

旅游已经是大家公认的幸福产业，疫情过去，人们的生活恢复正常，旅游仍是人们生活中的必需品。云南是旅游大省，旅游业在云南的社会经济发展中发挥着很大的作用，在乡村扶贫攻坚及巩固脱贫成效中，在乡村振兴工作中旅游都发挥着重要的作用。我们现在要做的是通过各种有效措施和手段，把新冠肺炎疫情对云南旅游的影响降到最低，积极着手疫情过后云南旅游的恢复发展与创新繁荣。

目前人们大多从数据看旅游，特别是把现在的数据与去年同期做比较。从短期数据看，没有了人员流动、大家都宅家抗击疫情，旅游必然“停摆”。面对旅游的骤然“停摆”，有悲观的，也有乐观的，有人认为2020年的旅游经济会受到很大的影响，也有人认为疫情对旅游经济的影响很少，只产生一个季度的影响。

这次疫情最大的影响是对不确定性的感知与反应，各行各业都有不确定性，而旅游的不确定性导致旅游业可能是不确定性最大的行业之一。旅游是一个以人的空间流动为基本特征的产业，旅游业高度依赖于旅游需求，而人的旅游需求又受到经济、社会和环境的变化影响，表现出高度的敏感性和不确定性。因此，笔者认为，现在还不是下结论的时候。目前我们要做的是认真梳理云南旅游恢复发展将面临的困难，以积极的态度面对现实，多层面齐心合力，

以科学务实的态度找到解决困难的路径和方法，在疫情过后尽快恢复旅游业，在恢复过程中，根据疫情过后旅游市场及游客消费需求的变化趋势不断创新业态，“生产”出更多适应市场消费需求，能带来经济、社会、生态多重效益的旅游产品，通过产品创新争取扩大客源，提高消费水平；拓展产业融合，积极创新业态，鼓励涉旅投资，扩大就业。最终目的是满足人民群众对美好生活的需求，促进云南旅游的繁荣昌盛。

随着疫情防控工作的有序进行，疫情得到了有效遏制，此时应该考虑旅游业的发展了。每一个与旅游相关的人都应思考这个问题，从个人不同的研究角度来为疫后旅游的恢复发展出谋划策。个人认为应各层级联动，发挥各自优势，推动云南旅游疫后恢复发展、创新繁荣。

一、政府层面

（一）直面问题，积极思考

在抗击疫情的过程中，大家都在以不同的方式参与其中，在党中央的坚强领导下，14 亿中国人民万众一心、众志成城，逐渐把病毒的“疯狂性”遏制了下来。在疫情防控期间，我们不仅要积极防控，同时还应思考回顾一下过去旅游快速发展过程中还有哪些短板需要补足，比如说应对公共危机的能力等。在 2003 年“非典”期间，世界旅游组织曾经提出过《旅游业危机管理指南》，分“危机发生前：做最坏的打算”“危机出现时：将危机破坏程度降到最低”“危机过后：恢复旅游者信心”三部分，提出了危机发生后旅游业的行动建议。在疫情防控阶段，云南涉旅专家、学者以及行业协会和行业部门应在政府的支持引导下，联合行动起来，共同制定一套符合云南旅游发展实际的《危机管理体系》，把公共卫生体系建设纳入各地全域旅游发展规划之中。

（二）做好文旅产业链的维护

文旅产业具有综合性和产业引导性特征，产业链长且涉及面广、内容深。疫情过后旅游业的恢复发展，仅靠单一企业困难较大，需要联动起整个产业链来。产业链的联动首先是要做好对整个产业链的维护，产业链的维护除需要相关企业和各行业行动起来外，更需政府支持。政府相关部门联动起来，从不同角度积极维护好旅游产业链，制定积极政策、采取科学措施支持、鼓励旅游企业恢复发展，为疫后云南旅游的大发展做好基础工作，能够吸引更多的游客来云南旅游，吸引更多的企业到云南投资。

二、行业主管部门

（一）协调与服务

旅游业恢复发展、创新繁荣需要得到交通、工商、税务、银行等部门的支持。旅游行业主管部门在疫情期间及疫情过后对云南旅游的恢复发展、创新繁荣做好指导工作，主动承担起协调、沟通的作用，对行业及企业指导时力求细化，提高针对性。文旅行业主管部门要做好文旅企业的“娘家人”，通过行业主管部门的沟通，为旅游企业和旅游行业争取到一些更好和更切实的政策。

（二）发挥智库作用

同时，行业主管部门要用好智库，积极组织专家、学者对疫情期间及疫情过后云南旅游的恢复发展、创新繁荣进行深入分析研究，用好研究成果，发挥理论指导实践的作用。

（三）要加强云南旅游推广力度

疫情过后，要加强国内、国外的旅游推广力度。结合云南省的实际情况，成立线上线下结合、多级联动的促销部门，如政府行业管理部门、企业、协会以及学术研究机构联合起来成立疫情过后的“云南旅游促销中心”，一方面深入研究疫情过后旅游者的消费需求；另一方面研究旅游市场的细分市场变化。有针对性地对传统旅游产品及新兴旅游产品进行全面促销，推广云南旅游。

三、行业协会

行业协会要强化平台作用，发挥协会功能，采取措施指导相关企业抱团发展，这里的抱团不仅是当地企业之间，还应该跨区域，互通有无，积极创新。增强行业的自律能力，提升景区、旅行社、酒店及导游等的服务形象，共同提高旅游的服务质量。

四、企业

企业要主动出击，赢得先机。疫情期间，大量的涉旅企业被按下暂停键，造成了一定的损失。疫情过后，首先要思考的问题是如何挽回损失。政府已出台了针对文旅企业的发展扶持政策，企业在用好相关政策的同时，要积极主动占领先机。在这个过程中，有两个问题是企业需要思考的，一是疫情过后，消费者在想什么，他们需要什么？而不是我要什么，我有什么？要根据市场需要积极创新，改革。根据中旅院调查，疫情过后，将会有 92.2% 的人愿意出游，这些人的出游方式和消费方式是否会有变化，新的需求是什么，这是旅游企业要思考研究的问题。二是在这个时间段内，我们应该考虑如何创新产品和活动，把健康、体育、医疗、疗养等特色需求结合到旅游项目及旅游产品中，加大信息技术的运用，拓展客源市场，提升游客的消费渠道和水平。企业直接面对市场，要从服务、市场、消费的角度多思考，在恢复生产和繁荣发展中，把经济效益与社会效益结合起来，打造企业优质服务品牌。旅游业是提供就业的重要行业，各企业在恢复发展中，还应积极保障从业者的稳定工作环境。

五、从业人员

旅游业是一个劳动密集型产业，很多旅游相关服务都需要从业者提供面对面的服务。人力资源在云南旅游疫后恢复发展、创新繁荣中发挥着重要作用。从业者应以主人翁的姿态积极参与到旅游的恢复、发展中。要利用好个人的资源，做好市场调研，把相关信息提供给企业；提高及拓展技能，在旅游业恢复后尽快适应新业态、新产品的服务，满足游客高质量旅游服务的需要。

（窦志萍：昆明学院教授）

云南自然保护地社区生态旅游发展

西南林业大学　唐雪琼

2020年新春伊始，新冠肺炎病毒肆虐神州大地，给中国的社会经济带来巨大的冲击和影响。面对疫情，举国上下，众志成城，英勇奋战。文旅行业在阻断疫情流动性上做出了积极贡献和巨大牺牲。

随着国内新冠肺炎疫情逐步被控制，进入疫情防控的常态化阶段，受到重创的旅游业如何快速地反弹和恢复，引发着我们每一个旅游人的思考。

建立国家公园为主体的自然保护地体系，是贯彻习近平生态文明思想的重大举措，是党的十九大提出的重大改革任务。云南从1958年成立第1个自然保护区——西双版纳保护区至今，已经建立了数量众多、类型丰富、功能多样的各级各类的自然保护地，包括了普达措国家公园和各级自然保护区，还有风景名胜区、森林公园、地质公园、湿地公园等，总数已经达到了357个，占据了云南国土面积的14.32%。保护了云南省最重要的、最具有代表性的自然生态系统，最集中的珍稀濒危物种分布地和最有价值的地质遗迹，为云南建设生态文明排头兵、建设最美省份、打造健康生活目的地奠定了坚实的生态和资源基础。这些自然保护地的生态旅游发展是云南建设旅游强省的重要支撑，也是保护地社区可持续升级的重要保障。保护地社区的农户到景区摆摊设点，承担保洁、保安工作，出售地方特色产品，经营生态民宿，提供美食体验，分享着旅游的收益。大量长期贫困落后的保护地社区因此实现了脱贫致富。保护地的绿水青山转变为社区农户发展的金山银山。2020年是脱贫攻坚最关键的一年，有不少的保护地社区期盼通过生态旅游的发展实现脱贫，已经脱贫了的农户也还需要生态旅游的发展，巩固脱贫的成果。

但是由于疫情，使得所有的生态旅游景区、景点与其他旅游企业一样“停摆”。在后疫情时期，传统的以自然景观观光和民族文化体验为主的大众生态旅游该何去何从？社区生态旅游会有哪些变化？如何助推社区脱贫致富奔小康？

一、提前谋划保护地自然教育，推进中小学研学旅游

疫情之下，大家都在反思人与自然的关系。人与自然的和谐相处，在这个时刻显得无比珍贵。自然教育应该是后疫情时期生态旅游发展的一个重要增长点，特别是青少年学生群体的自然教育。

西方国家是非常重视青少年的自然教育的，在家庭、学校、社会教育中，都有呈现尊重生命自然生产理念，采用开放式教学模式，先进的自然游戏教学法强调自然体验学习以培养青少年的自然和环境意识。

教育部在2016年时联合11个部委，印发了《关于推进中小学生研学旅行的意见》，将研学旅行纳入中小学教育教学计划，未来中国研学旅行市场的总体规模将超过千亿元，所以自然教育的市场是很大的。自然教育可以设计一些多元化的课程体系，比如说观鸟、爱鸟、植物分类、地形地貌、民族文化等课程；针对不同年龄段的群体，设计像科学小博士、大手拉小手这样的课程。现在，社区已经有了一些比较好的基础，比如说铜壁关自然保护区的洪崩河、那邦村；高黎贡山保护区的姜家寨、三合村、百花岭的观鸟，还有维西响古箐的观滇金丝猴都是非常好的自然教育产品。

自然保护地的景区和社区都应该要重视起来，提前谋划，早做布局。自然教育可以以市区为主建立基地，让青少年体验乡村生活，村民是讲解地方性知识最好的老师，也可以委托高校或者自然教育机构或者自然教育的专业人士设计一些课程资源，联合旅游企业做好市场推广。在现阶段，可以争取当地教育主管部门的支持，启动当地的中小学自然教育，支持保护地景区和社区的自然教育项目的推进。

二、规划创新康养旅游产品，引领户外时尚健康

经历疫情，公众更加关注健康养生类旅游产品，所以保护地社区和景区要有创新的思路。自然保护地有丰富多彩的森林景观、优质富养的森林环境、健

康安全的森林食品，开展森林康养，应时应景。可以依托山体、山林的立体结构，顺应地势，打造森林景观、徒步体验、运动登山、林下漫步等健康运动旅游产品；依托延伸型的生态环境，打造自然科普、植物辨认、野地花卉鉴赏等教育体验旅游产品；依托森林土特产，开发野菜采摘、健康药膳、养颜食料等养生旅游产品；依托丰富多彩的民族文化，打造欢乐歌舞、手工技艺体验等文化旅游产品，最终能够让游客养生、养颜、养心、养性，获得时尚、健康的旅游体验。现在在后疫情时期，我们还有一段时间，可以来做一些康养旅游产品的思考，做一些创新规划。

三、重视保护地社区民宿的提升，加强体验产品的开发

在后疫情时期会有更多的游客更愿意选择来乡村短住，甚至长住。考虑开发适合游客长住或者短住的住宿设施，既要原味留之，做到保留村镇的古朴韵味，又要有各式各样新潮时尚的民宿，本土与流行，地方与事件，现代生活与云南山水风韵、民族文化巧妙融汇重构。同时在民俗中搭配适当的农耕体验产品、手工体验产品、亲子体验产品等，为现代人提供完美的乡村生活体验场景。

四、培训社区的本土文化人才，强化村民的环境保护意识

在本土社区有一些熟悉地方性知识的文化人，但是这样的人才越来越少，很多社区有文化的年轻人都到外面去打工。后疫情时期，游客对生态体验的要求增加，这些熟悉地方知识的文化人是非常好的地方自然与文化的讲解员，当地的行业主管部门应该重视挖掘这些群体，在现阶段就应该做一些人才的储备，加强培训和培养。比较早推进自然教育项目的广东大自然工作坊的丹霞山教育基地，很多课程都是由村民负责的，效果很好。要使得地方性知识的传承和环境保护的理念成为村民自觉的行为，这对于游客的生态体验获得感是非常重要的，同时也能够使我们的农户更多地参与社区的生态旅游，真正实现乡村振兴。

五、积极争取政策的支持，强化景区带村

要引导社区关注政府和相关部门推出的各项扶持激励政策，国家、云南省以及各个州市都出台了很多支持中小微企业共渡难关的政策。我们要引导社区关注到这些政策，用好这些政策。同时在社区脱贫攻坚当中也有很多支持社区发展的政策，我们要用好、用足这些政策以帮助社区恢复、加快社区生态旅游的发展。同时强化生态旅游景区对社区的带动，扶持景区周边旅游社区开发差异化、特色化的生态旅游产品，建设特色生态旅游乡村社区，形成社区、景区共生共融、共建共享、共抓共管的发展格局。

（唐雪琼：西南林业大学地理与生态旅游学院院长、教授）

旅游目的地战“疫”与发展

丽江师范高等专科学校　朱桂香

自新冠肺炎疫情暴发以来，全省所有的旅游目的地全面贯彻落实党中央、国务院、省委省政府及当地市委市政府防控的要求和措施，严格按照重大突发公共卫生事件一级响应的要求，团结一致、众志成城，取得了疫情防控歼灭战和阻击战阶段性的胜利。

疫情发生以后，我们调研小组积极行动起来，通过问卷和走访的形式，了解疫情防控过程中的一些情况。各级党委政府以及旅游目的地坚持疫情就是命令，防控就是责任，始终把人民群众的生命安全和身体健康放在第一位。所有的文旅人都坚持顾大局、讲奉献、担责任，最大程度地保障来滇游客的利益，特别是为滞留云南的客人，提供力所能及的关心和帮助，温暖了人心，树立了形象。

从调查的结果来看，受访者对我们采取的防控措施满意度很高，支持和肯定的态度达到100%，其中非常赞成的达到69.47%，赞成的达到24.2%，一般的达到6.33%。在疫情防控取得阶段性胜利以后，省人民政府应对疫情防控应急响应从一级调为三级，所有的旅游目的地一手抓防控，一手抓疫后的恢复与重振，在接下来的疫后恢复与重振工作中需要做好以下几项工作。

一、树立信心

疫情的发生对各行各业产生了巨大的影响，通过调查可知，有近97%的受访者认为自己所在的行业或者企业在本次疫情中受到了巨大的冲击，有近88%的受访者认为疫情的发生对于旅游目的地以及当地的经济、社会带来了巨大的冲击。本次危机具有突发性、紧急性、威胁性和破坏性等特点，更需要一些科学的防治和理性的对待。同时，在调研中我们也发现，很多的文旅人还处于疫情防控的紧张阶段，所以，树立信心显得尤为重要，既要树立疫情防治的信心，又要树立文旅产业恢复和重振的信心。

二、确保企业“活下来”

面对突如其来的疫情，2020 年开年企业最重要的目标变成了“活下来”，企业都希望当地政府能够全面地落实、落细国家和省市出台的各项扶持政策，在复工复产中给予资金和政策上的帮扶，更重要的是希望支持企业来做优、做特、做强，持续地推进企业的可持续发展。

三、做好稳就业

认真落实国家稳就业的政策，同时也需要完善文旅行业的人力资源管理方面的一些制度，建立更加完善和合理的薪酬制度，能够吸引并留住优秀的人才。在这个过程里，丽江的白鹿旅行社率先提出“旅行社不停业、不裁员、不降薪”的号召。

四、协助企业盘活市场

作为旅游目的地，客源是其生存和发展极为关键的一个因素。因为疫情的暴发，各个旅游目的地的游客数量锐减，旅游市场进入“冰封”的状态，旅游活动处于停摆的状态，因此，重新盘活旅游市场是旅游目的地旅游产业恢复和重振最为关键的一环。

五、做好促创新工作

疫情的暴发，也暴露了文旅行业中存在的一些问题，在疫后恢复建设和重振时期，要加强以创新为途径破解存在问题的能力，加强推进旅游革命，构建更加科学和完善的现代旅游产业，增强旅游产业的信息化、数字化、智能化和抗风险的能力。通过调查可以发现，近 86.3% 的旅游从业人员都认为，在本次疫情过后，需要文旅行业在各个涉及管理和运营的方面进行反思，在管理的过程中更加科学地促进各项发展。

（朱桂香：丽江师范高等专科学校副校长、教授）

新冠肺炎疫情对景区的影响

云南师范大学　李庆雷

新冠肺炎疫情对景区有直接影响和间接影响，直接影响表现在以下几个方面。

一是在疫情高峰时期，景区响应国家号召停止对外营业，也就意味着没有了游客、没有了旅游收入，短期内对景区的冲击很大。

二是就目前的情况来看，疫情防控攻坚战取得了阶段性的胜利，部分景区虽然重新开放，但是依然受到旅游产业链上的影响，比如像交通、住宿、餐饮等相关因素。因此，虽然部分景区已经开放了，但是完全恢复到疫情之前状态还需要一段较长的时间。

三是单一产业型景区、室内服务型景区、重资产运营景区、人力资本占比高的景区面临较大的财务压力。单一产业型景区的收入主要来自门票、体验活动、配套服务项目收入，缺少第一产业、第二产业和第三产业中非旅游业的收入；室内服务型景区如收费型文博场馆、游乐场，客源受到较大影响；人力资本占比高的景区如三亚千古情演艺景区，人力资源方面的支出较多。景区上半年的收入无法达到预期，有些景区财务压力比较大。

四是疫情还影响着人们的可自由支配收入，有些人在疫情期间没有收入、有些人收入明显下降，此外还影响了部分群体未来的闲暇时间。例如，云南省提出学校暑假顺延、确保国家规定的春季学期课时总量不减少，这就意味着暑假时间会缩短。陕西省提出周末调课，或者压缩暑假来补齐课时，会对闲暇时间造成影响。以上两个因素的影响就会抑制未来一段时间内的旅游需求，这个“未来一段时间”会持续到 8 月底。

间接影响表现在以下几个方面。

一是促使景区提高公共卫生安全、信息公开意识，考虑员工的健康管理、游客安全保障问题。同时，也促使一些景区探索无接触服务，如无接触购票、无接触入园、扫码听讲解等。很多景区在防疫物资储备、服务设施消毒、游客限流分流方面进行了有益的探索。

二是疫后会出现备受关注的主题。例如，健康养生一些景区会推进深呼吸、清肺洗肺、免疫力焕活等康体养生类产品开发。在这次疫情中，中医药因疗效突出而受到关注，中医药在未来景区服务项目中会受到更多重视。就野生动物而言，国家市场监督总局、农业农村部、国家林草局已经下发了文件，就加强野生动物保护、景区对于野生动物的展示表演等做出了相对比较明确的规定。一些省、市、自治区还明确规定，严禁任何形式的野生动物公众展示展演活动，关闭野生动物园、野生动物展览场所，对野生动物实施隔离，这些都会对一些以动物为主题的景区（如野生动物园）未来的发展产生一些影响。“动物权利”的思想会越来越深入人心。

三是促使一些地区增加危机管理意识，调整盈利方式，统筹考虑特殊时期人力资源的利用问题，增强景区抗风险的意识。疫情对于景区的影响程度是不一样的，对于“+ 旅游”景区而言，有主业或原来有其他产业依托的会好一些，像傣族园、中科院热带植物园。但是，对于主要依靠旅游收入的景区来说，压力会比较大一些，如野象谷、傣王御花园澜沧江 – 湄公河之夜。经过此次疫情，会促使一些景区丰富体验方式，提高抗风险能力。

四是促使景区采取切实措施加大宣传推广力度，进一步挖掘市场潜力，降低经营成本，实现高质量发展。

针对新冠肺炎疫情对景区造成的影响，提出以下几点建议。

一要从物质、技术和人员等方面做好重新开放营业的准备。

二要在疫情全面解除之前对景区恢复营业的成本、收益等进行综合评估。

三要利用开放前的时间开展人力资源在线培训，在新产品开发策划、市场调研及营销等方面做好准备工作。

（李庆雷：云南师范大学旅游与地理科学学院副教授）

疫情防控阻击战中文旅部门的“守土有责，守土尽责”

云南省旅游规划研究院　蒙　睿

疫情发生以来，整个文旅部门的反应比较及时，而且相关的做法也非常恰当，对应了习近平总书记讲的“守土有责，守土尽责”，这是整个文旅部门在疫情防控、抗击疫情和下一步文旅行业恢复的基本遵循。

聚焦文旅部门做了什么？文旅部门应该做什么？

新冠肺炎疫情发生之后：

（1）旅游活动延期。2020 年 1 月 20 日，习近平总书记对疫情工作作出重要批示，1 月 22 日，“文旅之声”微信公众号发布了相关信息，出现了关于武汉的通知——武汉春节期间文旅惠民活动延期，武汉的 OTA 和旅行社因抗击疫情工作需要，可以无条件取消订单，酒店、景区强化消毒措施，保证游客和员工健康。

（2）1 月 23 日，文旅部办公厅、国家文物局发布了“关于做好新冠肺炎疫情防控通知”，整个通知谈了 5 个方面的工作，第一个方面是要求各级文化和旅游、文物行政部门成立领导小组，高度重视疫情防控工作。云南省在 1 月 26 日时成立了领导小组；第二个方面是加强疫情防控，提到了从严控制旅游活动的规模和数量，以及春节期间相关活动的报批和备案制，以及对星级饭店、景区、文化娱乐场所要严控活动的规模；第三个方面是加强宣传和引导，即旅行社、OTA、导游，在工作过程中应该加强对疫情防控的宣传和引导；第四个方面是加强涉外活动的管理；第五个方面是建立疫情报告的制度。同时，在“文旅之声”公众号上把泰国、美国、印度尼西亚、韩国加强对中国公民入境检疫措施的信息进行通报。1 月 23 日，泰国、美国、印度尼西亚、韩国在中国公民入境的时候，已经提出了比较严格的防疫措施，也就是说，海外这些国家在国内提升级别之前，就已经提出针对中国公民入境的防疫措施并且提升了防疫级别。

（3）1月24日，故宫、国家博物馆、中国美术馆闭馆，中国儿童艺术剧院、中央民族乐园等院团取消演出，可以看到，文旅部门及其直属院团的集体行动不只是停留在“控制数量和规模”上，而是已经开始取消活动，相应地，各地在24日发布了疫情防控工作报告。

（4）1月20至25日，武汉多家住宿企业自发为医务人员提供免费住宿（文旅部转发至官网），是体现出文旅行业尽责、形象树立的一种表现，因为在疫情应对的过程中，有两个方面比较重要，第一个是做好防控，第二个是为下一步产业、行业的恢复提前做工作，做好宣传的储备。

（5）各地方党委政府、文旅部门对防疫工作的认识程度不一。1月24日，四川省发出通知，外出旅游须戴口罩，提出了多条比较详细的提示。在疫情防控中旅行社要加强对游客的管理，以及对星级饭店、A级景区的管理，在各省的报道中已经出现，文化和旅游部的网站上梳理了很多各地的防控措施。1月25日，江苏提出切断前往疫区的旅游流，并没有停止旅游活动。1月26日，文化和旅游部办公厅发布《关于全力新冠肺炎疫情防控工作暂停旅游企业经营活动的紧急通知》，明确提出，切断疫情的传播，旅行社和在线旅游企业停止组团活动，主要针对的就是旅行社和在线旅游企业“酒店＋机票”的旅游产品，随后，各地旅行社和OTA基本全部停止旅游活动，相关的旅游产品也基本停止销售，许多景区逐步关停。

（6）1月26日开始，文化和旅游部的网站上开始出现“文物生肖图片联展上线”，随着5G的应用和互联网的进一步深入，在疫情防控时期怎样把线上的文旅活动调动起来，旅游景区应该怎么做？在整个文旅系统抗击疫情的过程中，许多线上文化产品的展示提前、加速了包括一些线上技术的应用，通过疫情的推动也提前进行了布局。

（7）2月6日，文化和旅游部要求返还旅游服务质量保证金支持旅行社应对经营困难，以及2月26日文化和旅游部公共服务司和资源开发司出台的《公共图书馆等文化场所恢复工作指南》和《景区恢复开放指南》。

在全域旅游的背景下，服务游客的并不都是文化和旅游部门，还需要其他部门来支撑。这次疫情防控之所以取得举世瞩目的关注和阶段性的成就，就是在于高位的推动和全民的参与。反过来看，在铁路、民航、高速公路入口，对于之前发生在游客身上、旅行当中的事件的处理，只依靠文化和旅游部门好像处理效果没有这次的好，反思有一些事件的处理是不是只靠文化和旅游部门就能处理得了？从这个角度，留给我们一个比较大的课题，就是"全域旅游背景下文旅行业治理能力提升的问题"，文旅行业治理能力的提升仅靠文化和旅游部门是不能完成的。

要真正把文旅产业推动好，需要一个全域的、以党委政府为统领的工作机制。这次疫情防控中，国务院成立的联防联控工作机制，各省、市、县成立的联防联控工作机制也为下一步推动全域旅游的建设提供了一个重要启示。很多工作要服务好游客，但是服务好游客需要整个社会为旅游、游客提供条件，而这些条件都需要各个部门来提供。通过这样的回顾和研究，更加清楚我们需要怎样的治理体系，以后文旅产业的恢复不仅仅是文化和旅游部门的事情，也不仅仅是文旅企业、文旅专家的事情，应该是在类似联防联控这样的机制下整合各个行业力量共同来推动，只有这样，在疫情之后文旅产业恢复才有可能实现高质量、新的发展。

文旅行业治理能力的提升需要科学高效的防控机制，换言之，理想中的防控机制就是旅游危机管理时的应对能力，其中包含三个方面的问题，第一是应对危机的规范问题，国家应对公共卫生事件有不同级别的响应，那么作为文旅各行业是否也需要一个应对的规范？有了规范才有章可循；第二是应对能力的问题，有了应对规范才能有应对能力，在规范的前提下才能根据实际危机的进展实事求是制订措施。经历这场危机之后，在各行业依据部门防疫指南出台景区、场所、公共交通工具等指南的基础上，是否结合文旅行业的实际制定出相应的规范？第三是旅游危机管理问题，当疫情危机发生之后，文旅行业受到冲击，然后逐步转变为旅游的危机，同时一些旅游事件、旅游系统及旅游行业发生危机事件，可能也会转化成旅游行业之外的外部性危机，因此在进行危机管理时，要处理好外部危机和内部危机的关系，但最重要的是，防控机制不能"就部门""就行业"来处理问题，一定要从更高一级的、能够调动资源的联防联控机制出发，作为主责的部门应该要尽责、担责，其他部门也要担负起应尽的责任。

（蒙睿：云南省旅游规划研究院副院长、教授）

后疫情时代的云南旅游市场营销策略思考

云南大学　赵书虹

一、疫情发生前的云南旅游市场营销策略

（一）我们的实践

以 2019 年为例，借助“一部手机游云南”全面上线运营，委托腾讯公司围绕“重点产品和重大活动”，采取政府购买服务的方式，在 1 至 12 月份组织开展由“四大板块”构成的云南国际旅游年“智·游云南”主题系列宣传营销活动，宣传云南十大文旅品牌，打造云南十大节庆活动；创意提升 7 台旅游演艺节目，组织 20 个旅游热点地区群众夜间文艺演出活动，推进 6 个文化与旅游融合示范项目建设发展，提升云南旅游的知名度和影响力，吸引全世界游客关注云南，走进云南。

海外旅游人数与上年同比增长 4.67%，旅游外汇收入比 2018 年同比增长 16.5%；国内旅游者 79977.77 万人次，国内旅游者较上年同比增长 17.37%，国内旅游收入同比增长 22.77%。旅游业总收入同比增长 22.73%。

（二）我们的探索

首先，整合政产学研媒所有力量，共同宣传推广云南，因为“我们只有一个景区，这个景区叫云南”。整个景区的宣传推广就应该是景区所有人参与，成为所有人的职责。在每个关键环节定位准确，政府制定规划、明确目标、搭建平台、整合资源；产业提供服务，具体实施创新发展、对接市场、媒体宣传推广和信息反馈；云南省旅游规划研究院充分调动“智库”的积极性进行项

目推动，如“云旅四季论坛”；高校则针对某一话题开展研究，为政府建言献策。

其次，充分推动融合发展：文旅融合、体旅融合（在全省规划建设10条徒步旅游线路、举办11个体育旅游赛事活动、打造6个温泉养生示范项目、服务云南“健康生活目的地”品牌打造）、农旅融合和商旅融合。以2019年为例，在“智游云南”的营销主题下，我们做了十大品牌工程，持续加大十大文旅品牌宣传推广力度，分别是香格里拉、石林、三江并流、丽江古城、苍山洱海、哈尼梯田、热带雨林、梅里雪山、怒江大峡谷、腾冲火山热海；做了十大民族文化节庆持续打造——七彩云南（国际）民族赛装文化节暨彝族火把节、傣族泼水节、景颇族目瑙纵歌节、中国佤族司岗里摸你黑狂欢节、中国·墨江北回归线国际双胞胎节暨哈尼太阳节、罗平国际油菜花文化旅游节、丘北普者黑花脸节、怒江阔时节、大理“三月街”、红河哈尼“长街宴”；巩固握升五大线路（1. 昆明—大理—丽江—香格里拉；2. 昆明—建水—元阳—蒙自—河口；3. 昆明—普洱—版纳；4. 昆明—保山—腾冲—德宏；5. 昆明—曲靖—昭通，五条线路分别覆盖云南省旅游文化资源最为富集和有特色的滇西北、滇南、滇西南、滇西、滇东北地区，均以省会昆明为依托）；设计开发了七大主题线路（包括非遗体验游和茶山主题游）；加强品质游、文化游线路，在营销推广时强调这些线路产品的体验性和文旅融合性。

二、疫情发生后市场需求的变化

需求上：分众化态势更为凸显。

距离上：本地游，周边游，多呈现短途出行，尽量少接触和使用旅游接待设施。所以本地游、短途游产品要做好准备。本地人的周末和一些专属假期要充分利用起来。

时间上：错峰出游，更希望利用已经逐步开始实施的带薪休假制度，不在出游高峰出行。

目的地上：不再蜂拥到网红打卡地和热点景区点，为了获得更安全舒适的体验转而选择旅游温冷点。

产品上：生态旅游、文化旅游、乡村旅游更受青睐，一方面，大尺度空间中容易确保人与人之间的安全距离，另外空气新鲜，流动性大，有利于保证公共空间卫生；另一方面，良好的生态环境也是促使这些产品受到欢迎的原因。所以康养为目的，文化为内容，载体多元化的旅游产品应该在下一步的设计组合中加以重视。

产品购买方式上：小包价团、自助游、“一地散”（专一市场营销，有助于形成产品和企业品牌根植，地缘相近也就意味着总体偏好上的相似性可能会形成，因此可有效降低产品设计、团队管理等成本，让有效剔除长距离交通成本之后的旅游产品价格也更易于接受）等。

三、疫情发生后云南旅游市场的营销策略建议

做好新的发展行动计划，与专业人士和专业的公司重新梳理项目定位，优化产品结构；思考新项目投入，进行项目提升和产品升级；做好开展周边游、近程旅游、健康旅游、研学旅游等的准备；开发新业态，推进新业务，多种经营，创新旅游项目；打造个性化的、特色化的、有竞争力的产品，加强网上营销力度。

营销导向方面。首先，内外兼修，坚持对内和对外营销，保证队伍不散，人心不冷，加油打气做内训，加强业务研讨和员工培训，做好企业文化的培训、产品培训、服务培训、营销创意培训、管理培训等；其次，倡导向上向善、鼓励信心、传递关爱，营造积极向上、一心向善的氛围；最后，冷静客观看待这场疫情可能带来的损失和变化，不夸大，不极端，正视疫情，积极设法应对、转型、创新和坚持。

营销重点方面。不是宣传产品，更不是打折促销，而是顺应需求变化的趋势，精准营销，而且要全省一盘棋，共同塑造健康旅游目的地的形象。专门针对某一客源市场营销，专门针对某个社群营销，专门针对某一产品进行专项营销。

营销方式和内容方面。第一，多“线上”，少“线下”。利用好自媒体，企业自媒体还自带销售和数据库营销的功能，对于企业引流积累流量和让企

业品牌深入人心，最终形成广泛的市场情感份额非常有益，通过持续的内容传播，低成本、高效率地传播和营销。而且特殊时期，自媒体还能很好地帮助企业进行客户关系管理，维系与主要客源市场的联系，虽然空间区隔，但我们的心在一起，疫情后这样的情感联系对市场恢复会很有帮助。例如、昆明范儿微信公众号，讲昆明故事，塑昆明形象，送春城暖意，普通人，普通事，业内人，业内事，打造旅游城市总体形象。

第二，多公益，少功利。注重健康常识、公共卫生、人际交往礼仪等，如倡导分餐制；用地方语言编成的朗朗上口的防疫儿歌等，汇聚成艰难时刻、守望相助的温馨提示和人文关怀，特别能打动人心。

第三，多服务，少产品。产品如果没有多少创新，那就提倡多讲服务，尤其是针对公共卫生和设施使用安全的服务提升，更应该成为疫后营销宣传的重点。

第四，多增值，少打折。打折没用，而且自损品牌价值，不如增加附加值，速销品都经常说加量不加价。比如，腾冲火山热海景区，在传统的观光和泡温泉的基础上增加了火山石磁场+森林康养，预购形势喜人，还专门为医护人员疫情结束后提供专项休疗方案。

（赵书虹：云南大学工商管理与旅游管理学院副院长、教授）

云南康养旅游中的民族医药文化优势

云南旅游职业学院　姜若愚

旅游是一种特殊的生活方式，特殊在游客总是处于空间位移不断的变化之中，那么疫情会给旅游这种特殊的生活带来什么样的影响呢？由于种种原因，我认为疫情结束后旅游产业所谓的“报复性反弹”也许只是一厢情愿的判断。从经济上来说，疫情过后人们对未来收益的预期值会有所降低；从空间条件上来讲，区域性的短途旅游、近郊旅游会增加，但是中长期旅游，包括出境游，一时是不会反弹的，入境游大量增长的可能性也不大；从心理学上来讲，麦克斯威尔在《心理控制术》中提到，改变人们的生活习惯至少需要 21 天的时间，因为疫情让人们宅在家的时间已经超过 21 天了，必然也会对人们下一步的生活带来一定的影响，带来一些变化。

人均 GDP 达到 1000 美元，旅游业就开始兴起；达到 1500 美元的时候，旅游业会有一个井喷式的发展；达到 3000 美元的时候，文化旅游、休闲度假旅游会大量兴起。这种划分方法太粗，而且时效性比较差，现在我们应该分门别类对旅游者的性别、年龄、收入等进行更细致的概率统计，然后才能得出更进一步的分类指导。这个工作可以在疫情结束后通过大数据的方法来做。

下一步的文旅产品一定要和人们生活的刚性需求相结合，或者说符合市场需求的旅游产品。康养旅游更接近人们生活的刚需。云南省提出要打造“三张名片”，其中一张就是“绿色健康大省”，就是说旅游要向绿色健康方面迈进，要做高品质的旅游产品。云南的医疗条件和发达省区（市）相比还存在着差距，但是，云南特有的少数民族传统医药是康养旅游的瑰宝。云南有 25 个世居少数民族，许多少数民族长期以来形成了一些独特的、比较有效的民族医药文化，过去我们称之为“草药”。这种少数民族传统医药文化源远流长，很多民族的医药大辞典像大百科全书一样，有各种各样的药剂、药方、当方。这些都是民族医药当中的瑰宝。当然，温泉资源也是康养旅游中的优势资源。下一阶段云南的民族医药文化应该和康养旅游结合起来，形成云南旅游的优势产品。比如，温泉和康养相结合，我们可以称之为“滇派温泉”。“滇派温泉”能和云南少数民族医药文化相结合。云南的少数民族医药文化中有很多药剂、药方，如瑶族的药方，现在已经形成了产品，药效是很强的。一些瑶族妇女在生完孩子后一个星期就可以下地劳动，就是由于这种药方。另外就是药食同源，云南少数民族餐饮中的药膳也是非常好的产品。

少数民族医药文化在旅游、温泉方面都可以加以利用。通过研究和实践，云南少数民族传统医药文化和康养旅游相结合，将会形成云南旅游产品中的优势资源，形成优势产品。

（姜若愚：云南旅游职业学院教授）

疫情影响下旅游市场环境变化带来的政企思考

大理大学　赵建军

新冠肺炎疫情对各行业生产和百姓生活均产生了巨大影响，旅游业对人员流动依赖比较大，所受的影响更为直接和长久，承受的压力也更为巨大。疫情发生以来，针对怎样在做好防疫的同时促进旅游业发展的研究和观点很多。借此机会，从疫情影响下旅游市场环境的变化与应对的角度，谈点个人的观察与思考，与大家交流分享。

一、新冠肺炎疫情影响下，旅游市场环境的几点变化

（一）受以下因素影响，旅游者出行意愿下降

一是对新冠肺炎传染的疑虑。从国内游来看，由于国内各大景区、文化娱乐场所纷纷关闭，各类文化旅游活动取消，各地居民都闭门不出，所以中短期内疫情对国内游的影响显然会非常大。国内疫情防控的形式逐渐好转，已经得到了控制，但是国外又开始蔓延开来，在国内外疫情未完全控制住之前，消费者的疑虑都不会完全打消，进而影响到人们的出行意愿。

二是可出行时间受挤压。疫情影响了部分群体未来的闲暇时间。例如，学校暑假顺延、确保国家规定的春季学期课时总量不减少，这就意味着暑假时间会缩短。另外，很多企业的复工复产时间推迟。以上因素的影响就会抑制未来一段时间内的旅游需求。在以往，旅游旺季会在6月到来，而2020年受疫情的影响，旅游旺季什么时候可以到来还需要进一步地观察。

三是可自由消费收入减少。疫情影响着人们可自由支配的收入，有的在疫情期间没有收入，有的收入明显下降。

（二）旅游市场监管进一步加强，企业经营压力大

旅游市场监管由“双管齐下”变为“三剑齐发”：旅游市场环境整治、景区生态环境治理、旅游卫生安全管理。文旅产业具有综合性和产业引导性特征，产业链长且涉及面广、内容深。疫情过后旅游业的恢复发展，仅靠单一企业困难较大，需要整个产业链联动起来。产业链的联动首先是要做好对整个产业链的维护，产业链的维护除需要相关企业和各行业行动起来外，更需政府支持。政府相关部门联动起来，从不同角度积极维护好旅游产业链，制定积极政策、采取科学措施支持、鼓励旅游企业恢复发展，为疫后云南旅游的大发展做好基础工作，能够吸引更多的游客来云南旅游，吸引更多的企业到云南投资。

（三）远程市场（省外、境外市场）不确定性加大

从云南的旅游市场来看，远程市场占了整个云南游客数量的 1/3 左右，由于疫情，云南的旅游市场受到了很大的影响。一旦疫情结束，这部分市场的暴发能力是很强的。但就目前国外疫情防控的形式来看，什么时候可以恢复远程市场，还需要进一步观察。

二、对疫情影响下云南旅游市场振兴的几点思考

（一）坚定信心，保持希望

疫情的发生对各行各业产生了巨大的影响。在旅游企业中，很多都是中小型的企业，抗压能力比较弱，同时，也有一些旅游大企业申请破产。在这种情况下，树立信心是特别重要的，信心比环境重要。从世界的范围来看，极端事件的影响时间有限，终究会过去。从政府的角度来看，要想方设法地帮助企业树立信心，如一些减免政策的出台。

（二）树立“健康游云南”旅游形象，擦亮康养云南旅游品牌

康养是云南旅游需要重视的旅游品牌，疫情过后，游客对旅游健康的意识

会进一步强化，云南省早在2018年就提出“健康生活目的地”的发展目标，但如何将旅游市场较好地对接进去还有较大的空间。比如，对康养进行一个针对性的宣传，通过康养的旅游产品，树立起“健康游云南”的旅游形象。

（三）危中寻机，创新产品，丰富健康云南游品牌内涵

发挥云南植物王国资源优势，通过在传统旅游产品上叠加保健元素等方式，创新旅游+保健产品，丰富健康云南游品牌内涵。比如，扎染口罩、花草药枕、茶枕等。

（四）激活本地需求，维持市场人气

传统上旅游业重外轻内，但云南省内市场的份额超过65%，各地当地市场有较大潜力。在外部市场受到疫情抑制的情况下，通过针对性的本地游产品设计、服务和价格策略，激活学生、家庭和企事业单位等集团消费，可以维持市场人气，增加收入，改善旅游企业的社区形象。

（赵建军：大理大学经济与管理学院党委书记、教授）

疫情影响与餐饮业的未来发展

主 持 人：田芙蓉

发言嘉宾：杨艾军、蒋彪、袁源、李力

田芙蓉：欢迎大家参加我们这期的“云旅四季”网络沙龙论坛，本次论坛与时俱进，聚焦餐饮业，邀请到了四位来自餐饮领域的重量级大咖，他们分别是云南省餐饮与美食行业协会杨艾军会长、元老级注册中国烹饪大师蒋彪先生、昆明傲为山餐饮管理有限公司董事长袁源先生、华南理工大学旅游与酒店管理学院常务副院长李力教授，围绕着疫情影响下餐饮业的发展与未来这一主题，为我们带来一场睿智的“听觉盛宴”。

大家知道庚子鼠年一场新冠肺炎疫情席卷全国，牵动着亿万国人的心。新冠肺炎疫情来势凶猛，对我国经济和社会发展造成了巨大的影响，而作为旅游六大要素之一的餐饮业，随即停业，损失惨重。据统计，仅在2020年春节7天时间，全国餐饮零售和损失约为5000亿元，而同期云南旅游餐饮业的1月、2月份损失近210亿元，从这组数据中可以看出，餐饮业受疫情冲击十分明显。文旅重振，餐饮先行。杨会长，您作为云南省餐饮与美食行业协会联合创会会长，如何解读新冠肺炎影响下，餐饮业所面临的困境和危机？

杨艾军：对于餐饮业所面临的困境和危机，我用三个“受”字来表达我的感受。

一是“受损”。从基本面来看，一季度云南省餐饮业的受损金额会超过415亿元，受损比较严重。

二是“受伤”。首先，餐饮业从业人员大多是来自农村的青年劳动力和剩余劳动力，他们的就业对家庭脱贫攻坚和返贫方面有着很大的影响。其次，餐

饮行业从业者总体文化程度不高，大多是高中和初中学历，自主创业和再就业的能力相对较低，容易形成不稳定的社会因素。再次，餐饮从业者女性的占比较高，占到了 60% 以上，是容易形成弱势群体的一个团体。最后，餐饮行业不属于社会消费的重要需求，但是在疫情期间又是容易产生聚集性的公共场所，由此导致消费需求和消费信心的恢复周期比较长。

三是“受害”。截至目前，有 80% 左右的餐饮企业的营业收入损失达到 100%，10% 的企业营业收入损失达到了 90% 以上。另外，有 30% 的餐饮企业已经没有周转资金了，40% 的企业资金已经极度紧张，只能维持几个月。根据我们的调查结果来看，有接近 30% 的餐饮企业表示要减员。所以即便餐饮企业的堂食放开了，对企业资金的缓解作用也不会马上体现出来，需要一定的时间和期限。

基于以上三个方面的考虑，4 月还将面临餐饮企业与供应商结算的经济纠纷；供应商与农户结算的经济问题；餐饮企业与银行贷款本息偿还的能力危机、受劳动力成本和综合物价成本以及餐饮业的成本还将持续上涨等问题，对餐饮业的冲击比较大。其实前一段时间大家对餐饮企业都有一种感觉，就是“生不如死还不敢死”。整个云南可盈利的餐饮企业大概是全行业的 40%，平均利润率在 8% 左右，并且我认为还会持续走低。

田芙蓉：谢谢杨会长，困境就是“受损”“受伤”“受害”，这三个关键词准确概括了疫情对餐饮行业的深刻影响。刚刚杨会长从宏观视角对餐饮业面临的困境和危机进行了全面剖析。现在我们想从微观视角，听听身处行业一线的元老级烹饪大师蒋彪老师的观点。您怎么看待这场疫情对餐饮业带来的冲击？

蒋　彪：我非常赞同杨会长刚才对餐饮业在这次疫情当中的处境所进行的总结概括。从我自己的切身体会和观察来看，这一次疫情对餐饮业带来的冲击确实是空前的。首先，疫情带来了餐饮业的原材料价格上涨。从 2015 年 H7N9 禽流感病毒、2019 年非洲猪瘟以来，由于猪肉的涨价引发了各类食材竞相涨价，刚才杨会长也讲到这个问题。特别是疫情期间，猪里脊肉几乎涨到 1 公斤 100 元了，猪肉的涨价也带动了其他副食品的涨价，导致餐饮业利润直接缩水，人口红利消失，餐饮招工难、用工荒等问题日益凸显，这些都给餐饮企业的生存和发展带来挑战。在疫情影响下，各类食材的价格上涨，疫情过后，食材的价格有可能会有所回落，但我们对农产品价格及供应还是得始终保持危机意识。我记得20世纪，国家提出“以粮为纲，备战备荒为人民，手中有粮心中不慌”的口号，现在也相应地提出了要把“菜篮子”“米篮子”抓在手中的口号。2007年，温家宝总理提出要守住18亿亩耕地面积这条红线不动摇，现在的我们耕地面积就算是不动的，耕地撂荒、农民不愿种田或者是年轻人不会种田的情况还是比较突出的。现在的粮食价格也一直在上涨，原来供应昆明主粮的滇中粮仓，如宜良、富民，它的造田也在急剧减少。我咨询过中粮集团云南的总经理，他告诉我们现在云南省的耕地自产粮食，最多够云南人吃两个月，这个数据是很严峻的。因此，作为产业链末端的餐饮业，要完全恢复很大程度上要依靠第一产业，所以，如何保障粮食的安全是政府应该关注的问题，真正地做到“手中有粮，心中不慌”。

田芙蓉：感谢蒋大师的解读。从物价上涨到粮食储备，蒋大师从疫情冲击看到了粮食安全的重要性。这次疫情的暴发，造成整个社会流动性冰封，商店不能营业，消费者也不敢出门，这无疑是对一些打算在春节时期大展身手的餐饮企业当头一棒。下面我们来听听优秀青年企业家代表袁源董事长的声音，从企业主体的角度，您是如何看待这次疫情影响的？

袁　源：刚刚杨会长和蒋大师分析得很精辟、很到位、也很全面。新冠肺炎疫情的突然暴发，使得餐饮业步履维艰，为什么疫情对餐饮企业带来的影响和冲击那么大，我想主要有三个方面：首先是巨大的食材成本损失。餐饮企业在春节前储备了大量的食材，随着疫情的暴发，餐饮业也进入了停摆状态，直接造成了严重的食材损失。其次是资金流量不足。疫情的暴发使得食材价格上涨，对于原有利润较低的餐饮业来说是巨大的打击。其实，餐饮行业并不是大家眼中利润很高的行业，除去成本费用以后，利润的平均值大概只有8%~12%。年前大家手里并没有留太多的钱，使得很多人在疫情下的生活变得很难。最后是用工成本的不断增加。现在主流的餐饮企业都在提倡餐饮从业人员的幸福感和自豪感。餐饮从业人员的收入较几年前有了较大的提升。尽管整个疫情期间餐饮业的收益仅靠有限的外卖收入，但仍然承担着员工的工资，这对餐饮企业来说是一个非常巨大的挑战和困难。

田芙蓉：感谢袁源董事长从企业视角对疫情的深入解读。的确，本次疫情给餐饮企业带来了非常巨大的挑战和困难。3 月 12 日，国家联防联控机制新闻发布会宣布我国本轮疫情流行高峰已经过去，同时，昆明市卫健委也宣布，3 月 13 日起昆明市恢复餐饮厅面餐饮的服务，这标志着餐饮企业逐渐开始复苏。此阶段，政府方面有哪些政策来帮助企业渡过难关？请杨会长给我们分析一下。

杨艾军：疫情发生以后，各级党委政府高度重视，包括商务、发改、财政以及餐饮业协会，都对支持餐饮业发展提出了一些政策和措施，接下来，政府还应该做好以下几方面的扶持。

一是继续给予企业在税费减免方面的扶持。从增值税、房产税、土地税、印花税等方面入手。2 月 20 日，出台了《云南省人民政府关于应对新冠肺炎疫情稳定经济运行 22 条措施的意见》，从减税降费等方面支持企业，稳定社会经济，特别指出要促进“食、住、行、游、购、娱”等传统业态优化升级，随着疫情逐步得到控制，我相信针对餐饮业更加具体的政策也会逐渐出台。

二是给予政策性的金融支持。包括利息、本息、贴息等方面的政策支持措施，这对企业渡过难关非常宝贵。

三是着力加大稳岗、就业的支持力度。首先是给已经上交社保的餐饮企业给予一定金额的返还；其次是延长企业上交社保的期限并做适当的减免；最后是给予餐饮业中的一些优质企业补贴，同时，积极同企业开展员工培训。

四是帮助降低经营成本。疫情发生后，餐饮行业协会积极行动起来，在水电气和外卖平台的佣金和扣点方面做了大量的工作，但总体来说，没有针对餐饮企业的痛点给予更多有效的帮扶，我们期待有更加有效的政策给到餐饮企业。

可以看到，省委政府想了很多的措施来帮助企业降低经营成本，但这个

"降"还是有点隔靴搔痒，短期止血，对于企业长久的发展还需要认真思考，系统部署。同时，餐饮企业也应该认识到，物价上涨在短期已经形成趋势，并且还会持续一定的时间，所以今后的经营，困难会更大，要做好准备，不能"等""靠""要"，自己也要积极地行动起来。

五是促进餐饮企业中长期发展。比如，大力扶持餐饮业名企名店，通过深入整合品牌效应、优质资源和良性资产来打造以民营为主体的云南餐饮业发展集团，释放企业聚合效益，增强行业的抗风险能力，形成龙头企业示范，构建餐饮产业的竞争力。同时也鼓励国有资本积极参与运作，合力上市。我们要把整个产业链连接起来，既要打造链，更得进行有效连接，让整个餐饮业的发展对每家每户的支撑和服务能力有一个新的提升和好的保障。

六是要把餐饮业的安全作为国家公共卫生安全体系的重要环节来进行建设。通过此次疫情，我们深切地感受到餐饮业应对公共卫生事件的脆弱与被动，我们需要去反思和落实的细节问题还有很多。

袁 源：刚刚杨会长说到一句话，就是说大家不要觉得餐饮业没有得到政府的关心，或者大家自己做了一个小微企业，没有得到政府的政策优惠。事实上，之前我也是这样觉得，但因为这次疫情期间，我参加了餐饮协会的很多次调研。对餐饮业在疫情期间的受损情况、发展困难、疫情期间及疫情过后餐饮业怎么恢复和发展，协会提了很多方案及建议。不管是现在已经从事餐饮业的，还是将来打算进入餐饮业的朋友，其实我们并不孤独，我们还有家人、朋友、政府和协会。

田芙蓉：感谢杨会长和袁董事长的分享。是的，疫情之下，我们并不孤独，政府和社会各个方面都一直在努力抗击疫情。杨会长站在行业协会和政府的角度，全面剖析了从税收减免到建立产业链的相关政府帮扶政策。政府不但要让餐饮企业能够活下去，最关键是要让企业站起来、走起来、跑起来。"民以食为天"，餐饮业一直都是一个最具有"人间烟火气"的行业，那么，蒋大师，您作为中国饮食文化大师，更是滇菜的代表性人物，透过疫情，您如何看待和理解我们的餐饮文化？

蒋　彪：中国饮食文化博大精深，但是我们也必须看到任何事情都不可能十全十美，中国饮食文化中有许多优点，也有许多“糟粕”，中国古人说过一句话叫作“食以善人，食亦杀人”，就是说你吃了不好的东西以后，自己的身体也会受到影响，会变得不好。什么是糟粕，吃野生动物就是糟粕之一，主要表现在以下几个方面。

一是过分盲目追求珍稀食材。在中国传统饮食文化中有这样的传统存在，如象鼻、熊掌、猩唇等，今天的人们也仍然还在追求进食野生动物。

二是在中国饮食文化中有“虐食”的行为存在。比如，活吃猴脑和活烹鲤鱼等行为。

三是共餐制。这是造成很多传染病流行的重要原因。其实在汉唐以前，实行的是分餐制，如春秋战国时期的筵席。宋代以后，共餐制才慢慢地流行起来。

四是一日三餐的分配不合理。科学的进餐应该是早餐吃得好，午餐吃得饱，晚餐吃得少，而现在的情况恰恰是早餐吃得少，晚餐吃得好。我们对美食过度追求感官的愉悦和味觉的享受，而忽略了饮食当中科学膳食、平衡膳食的科学作用。

田芙蓉：谢谢蒋大师，那么作为餐饮行业的元老，您认为这次疫情给餐饮业带来了哪些启示？作为餐饮企业和消费者，应该如何理性科学地认知疫情下的一日三餐？

蒋　彪：通过这一次疫情，餐饮业应该重新审视一下自己，要重视营养健康这个新课题。新冠肺炎病毒本身就是一种病毒，比一般微生物要小，它只有核酸，寄生在寄主的活细胞里，利用寄主细胞代谢的酶进行繁殖，用药物杀不死它，因而要寻找专一性作用于病毒，而又不影响寄主细胞本身代谢的方法，这是比较困难的。这也是目前我们新冠肺炎病毒尚无特效药的原因。感染新冠肺炎病毒的患者主要还是依靠自身的免疫来抵抗病毒，通过免疫病理反应来调节肌体的整个免疫功能。大家都知道，我们人体的免疫系统由免疫器官、免疫细胞、免疫因子组成，在很大程度上要依靠营养物质来补充加强。我们中国

14 亿人的健康，不能光靠吃药打针来保证，要重视个人的生活方式，以个体为中心，强调个体的健康和责任。因此，主要还是我们的膳食结构，要合理，要科学。

我们国家目前大多数国民的膳食结构是不合理的。肉类、油脂的消费增加，导致我们整个膳食脂肪功能比的快速上升；谷物食物消费明显下降；糖、盐摄入量居高不下，严重影响着中国人的体质和体能。看似餐桌上食物日渐丰盛，日渐精美，但我们的优质蛋白质、矿物质、维生素、膳食纤维供应不足，达不到中国居民平衡膳食指南当中的标准，这会严重影响我们的体质，影响我们的免疫功能。原因就在于中餐中有不合理的烹饪方式，如过度烹饪、反复加热，以后应该多提倡中温烹调。

有证据表明，人的体温每升高一度，我们的免疫功能会提高 30%。这次新冠肺炎的病死案例中，很多人患有基础病，比如说高血压、糖尿病等。从现在国家卫生部的人口健康普查来看，高血压患者近 2 亿人、糖尿病患者近 8000 万人，血脂异常的人则更多。这些病症都会降低人体的免疫功能，降低生活质量，同时也给个人和家庭带来沉重的医疗和经济负担。根据世界银行的测算，过去 40 年，世界经济增长的 8%~10% 归因于健康人群，亚洲的经济腾飞有 30%~40%，也源于健康人群。改革开放以后，我们国家经济的快速发展中，资本的贡献率为 28%，技术进步和效率提升的贡献率为 3%，69% 都是健康劳动力的贡献。现在有一句话，健康就是 GDP。从某种意义上来说，健康是吃出来的，这一点是我们餐饮业经过这次疫情后应该思考、学习、改良的地方。

同时，还应该关注饮食结构的健康。这主要体现在以下三个方面。第一是多吃水果和蔬菜。蔬菜是生存型食物，在生活中需要多吃。第二是多吃豆制品。可以一日无肉，但是不可一日无豆，多吃豆制品、牛奶、鸡蛋和瘦肉等都能提供人体所需的优质蛋白。第三是主张粗茶淡饭。尽量做到低油、低糖和低盐。我国饮食食药同源，药食同用，先进厨房，后进药房，关注食疗健康，提倡以食代药，要多吃对身体有益的食物。

田芙蓉：非常感谢蒋大师的精彩解读。蒋大师的分析非常实用和接地气。

作为全国为数不多的元老级烹饪大师，蒋大师站在一线烹饪大师这个角度，从营养学和饮食文化方面，给我们提出了很多专业建议和生活指导。接下来，我们再听听企业家的观点。袁董事长，您觉得疫情期间，餐饮企业应该怎么做才能更有效地应对疫情，战胜疫情？对餐饮企业的启示是什么？

袁　源：这场新冠肺炎疫情对所有餐饮企业来说都很突然。我认为，餐饮企业应对疫情应该从四个方面下手。第一，在疫情期间不断完善门店管理标准。疫情期间，在做好对门店执行标准、管控力度升级的前提下，积极思考食品安全、卫生习惯、员工执行操作标准等方面的管理标准。疫情过后，消费者会更加注重饮食的安全和体验，企业需要提前思考，为疫后餐饮业的恢复做好万全的准备。第二，树立新资产管理及金融的意识。疫情期间，企业会发生现金流断流、现金储备不充足的情况，很多餐饮企业借助购物中心或者是租赁甲方的物业去开门店，并没有留下固定资产，这样的企业在疫后贷款存在着很大的问题，这时需要餐饮企业将手里的资源进行整合，和金融机构有一个长期的合作机制。第三，建立餐饮企业零售化的思维。因为疫情的暴发，堂食被全面禁止，大家只能通过外卖平台销售食品，但其间也可以看到有不少的企业将食材做成半成品进行销售，消费者购买之后，带回家自己加工，这样既增加了餐饮企业的销售，消费者在亲自动手加工食材的过程中，也获得了愉悦感。所以，餐饮业可以考虑产品零售化的概念，来获得又一个盈利点。第四，在数据时代下，思索如何将我们的流量和顾客连接起来。本次疫情将会成为餐饮行业餐饮思维的一个转折点。纵观在疫情期间比较成功的餐饮企业，毫无例外都拥有着一套成熟的“CIM”顾客管理平台。疫情期间，我们已经没有了传统门店的顾客流量，此时将我们的平台运用起来就显得尤为重要，哪怕只是微信公众号里顾客的一句留言，都可能成为你的一个机会。

田芙蓉：谢谢袁董事长。作为新生代的企业家，袁董事长从行业趋势和精细化管理的角度分享了企业渡过疫情难关的思路，让我们颇为受益。现在，很多人都已经按捺不住，想要去餐厅吃美食，但是心里又不踏实，担心感染新冠肺炎病毒，我们都想知道现在企业是如何保障让大家放心地去品尝美食。接下来，请袁董事长分享下餐饮复工复产后采取了哪些措施来让消费者放心、安心到餐厅就餐。

袁　源：好的，田院长。企业复工之后，我们看到一些舆论和评论，消费者对企业的防控措施有信心不足的情况。在此，我介绍一下我们企业和周边的同行所采取的主要措施。第一，对食材进行严格的管控。在春节前我们储备了大量的食材，由于疫情的暴发，造成了很大的成本损失，但我们绝对不会为了降低成本而将这些食材重复利用，大家在食材方面可以完全放心。第二，实施严格的员工管控措施。在疫情暴发期间，我们对员工的流动性做了严格的管控，餐厅每天都安排人进行消毒，为了保障消费者的用餐安全和用餐体验，我们在门店管控、体温检测、员工卫生习惯和操作标准上都做了一系列规定。第三，实行严格的环境管控。现在餐厅每天都用消毒液进行无死角清洗，包括厨房里的东西，已经由原来一天两次大范围消毒增加到每隔 2 小时进行一次。此外，餐桌、椅背等都是在一桌客人离开以后用消毒液进行擦拭，完全干燥 10~15 分钟才会安排下一桌客人上桌。所以这方面我觉得大家还是可以放心的。

田芙蓉：谢谢袁董事长的分享。为了大家能安全地再次回到餐厅尽情享受美食，餐厅通过完善内部管理，提升服务质量，确实有助于消除消费者的顾虑和担忧。正如袁董事长强调的，对于企业家而言，钱可以再赚回来，但企业的口碑和品牌丧失了就很难重获认可，大多数企业都不会砸自己的招牌，所以大家还是可以比较放心地去消费。在前面的讨论中，三位嘉宾从各自不同的角度分析了此次疫情给餐饮行业带来的影响，政府的扶持政策和企业的应对及启示。接下来，我们还想听听学院派的观点。有请酒店餐饮学术界的知名专家李力教授，从理论角度对疫情下餐饮业的未来发展做一些研判和预测。

李　力：好的，田院长。新冠肺炎疫情是一个突发事件，无论是国家，还是各个行业、企业，应对疫情的准备都是不足的。就目前情况来看，我们还需要做长期抗击疫情的准备，不能轻言胜利，对于餐饮业来说，要有长期准备的打算，保持一个清醒的认识。

首先，就国内的情况来看，国家采取了一系列行之有效的防控措施，防控疫情取得了阶段性的胜利，但国外现正处于疫情暴发高峰期，在全球疫情防控形势没有完全逆转的情况下，还不能轻言胜利。其次，不管疫情是否结束或者何时结束，对人们心理的影响都是长期的。在这一重大的突发公共卫生安全事件之后，人们的行为选择会发生一个很大的变化，这种改变对于消费行为具有一定影响。所以，从整体的情况来看，目前疫情防控仍不容乐观，行业和企业都要做好长期的准备。

田芙蓉：是的，正如李力教授所言，从 2019 年 12 月 8 日我国第一例新冠肺炎病例确诊以来，我们的日常生活受到了极大影响。病毒由武汉暴发，随着疫情的逐步扩散，事态逐渐严重，全国各个省份纷纷采取重大公共安全事件一级响应，全国停工停产、限制出行、出门戴口罩、进门需消毒等一系列措施开始执行。举全国之力，新冠肺炎疫情得到控制，现在生活逐步恢复正常，我们所有人都有切身体会。目前，国外疫情还处于高发期，我们的口罩还不能完全摘下，世界各国的疫情还很复杂，我们还处于长期抗疫中。李教授，您认为企业更期待政府出台什么样的措施来推动复工复产，解企业之困?

李　力：目前全国不同行业的复工情况不太一样，但是无论发达省份，还是偏僻省份，疫后全面复工复产都具有重要意义。在这样的情况下，国家目前已经对企业出台了一系列促进行业和企业渡过难关、健康发展的政策，之前杨会长也阐述得很清楚。我再简要说三点。

第一，减轻税负。目前餐饮业中有很大的比例都是小型企业，小型企业的税负在国际上是很轻的，甚至于在一些国家和地区都是免税的。同时，餐饮企业可以借助此次契机给国家提供一个研判的标准，建议针对小型企业进行免税，其间包括餐饮小微企业的比重、整体上的经营情况和模式。第二，出台专门针对餐饮业的扶持政策。从餐饮业本身来看，可以分为餐饮商业和社会公共意志，社会公共意志就是我们常说的学校、机关、医院、部队等，建议国家对这些部门的餐饮业进行补贴。第三，出台有关餐饮业用工方面的措施。目前企业的用工绝大部分是全日工，这种用工模式从餐饮业科学性的角度来看，有值得商榷的地方，应该有计时用工的措施，比如说每小时最低的工资标准。通过临时用工，可以避免餐饮业受用工的冲击，也能够减少成本，同时这也符合整个国家的发展趋势。

田芙蓉：是的，我们非常欣喜地看到，随着政府出台大量稳经济、保市场主体的措施后，企业获得了恢复和发展的重要喘息机会。在众志成城抗击疫情方面，除了依靠政府的扶持措施之外，餐饮企业应该如何进行更好的自救呢？

李　力：关于这个问题，从专业角度来看，现在的企业其实也面临着老生常谈的四个字——“关停并转”。一是关。目前存在着一些在卫生、成本和经营问题上困难的弱小企业，在疫情期间，生存存在着很大的问题，这部分企业实在熬不下去可以选择关门。二是停。自疫情暴发以来，餐饮业基本处于停摆状态，很多大型的餐饮业遭受了巨大的损失，但总体上能维持下去，这部分企业在停业期间要对企业的未来展开谋划，安排好人员的培训，积极为疫后全面恢复做好准备，同时，也必不可少地承担一些社会责任。三是并。疫情结束后，一些企业面临着兼并和整合的情况，通过产品的差异化来促进企业之间的兼并和整合，促进企业科学发展。四是转。目前很多企业面临着转型的问题，原来传统的生产方式已经不能满足消费者的需求，特别是疫情之后，消费者的行为选择将会发生一定的改变。随着定制餐饮和线上餐饮的兴起，对技术层面的需求提高了。所以，不能适应市场变化的一些企业必须选择转型，如进行半成品的加工等。

田芙蓉：好的，非常感谢李教授。李教授是国内的酒店餐饮界非常知名的专家。在前面的讨论中，李教授从专业角度给国家和企业提出了一些疫情之后走出困境的建议和研判。李教授现在长期在英国，所以他看待疫情的影响会比较宏观，实际上，在李教授刚刚提到的很多方面，行业协会、企业都做出了很多卓有成效的努力。杨会长在我的印象中是非常含蓄的，但疫情之后，我就觉得他真的成了热血青年。现在请杨会长对刚才的内容进行补充发言。

杨艾军：谢谢。刚才听三位专家的分享非常有启发。袁源讲得非常好，企业内部的运行及管理是基础，希望袁源能够把你们企业应对疫情和保护消费者所采取的诸多举措以书面形式报给协会，我们尽量形成一份专报或者进行广泛宣传。我觉得对广大消费市场而言，这些做法是他们特别愿意去了解的信息。之前网络上曾出现过一些恶意信息，声称虽然现在可以堂食了，但提醒大家不要去，餐饮企业已经关门了一个多月，可能会有很多灰尘、老鼠，甚至蟑螂。我看了以后非常生气，这个是一种无端的指责。我个人的观点是，这次疫情以后，餐饮企业会更加注意自身的卫生条件，消费者到餐饮企业去消费，安全性其实比疫情之前还略有提高、改善。刚才袁源也分享了一些做法，我们也会站在我们的角度面对消费市场，发出行业的声音。我们秘书处会把这个事情作为一个专题研究来开展。

前面李教授谈得非常系统，也非常深刻，我颇受启发。我也完全赞同李教授谈到的，要有长期的准备，这既有病原问题，还有整个世界暴发格局因素，做长期思想准备、物资准备、心理准备是很有必要的。蒋老谈到引导企业在食品出品过程中，从系统营养、饮食习惯各个方面，从内核的角度给大家提了很好的建议。我学习到了很多东西，也非常感谢。

在此，我再谈几个观点。现在病从口入，已经成为一个大课题。大家都知道，现在全国人大已经颁布了全面禁止食用野生动物的法律制度。我关注到两个数据。第一个数据就是国家卫建委对这次疫情的一个数据，大概 83% 的概率是由口水而传播的。那么它是怎么传播的呢？其实就是武汉的很多聚会过程当中，更多的是来自食物之间的传播，没有使用公筷公勺，没有采取分餐制的方法，带来的传染率是 83%，很可怕。在中国，幽门螺旋杆菌的平均感染率为 59%，这是胃癌的前兆病菌，这个实际上和我们这种聚餐的方式有很大的关系，这个也很可怕。

所以这两个数据让我想到了我比较赞成的一个观点，刘广伟先生说其实卫生体系的建设过程中，主要是医疗系统的投入，刚才李教授也谈到这个问题。据我所知，这次新冠肺炎疫情之后，云南省有 300 亿元要投放到这个医疗系统的基层建设中。刘广伟先生说实际上这个健康体系的建设是三个步骤，首先是“食事”，食事首先要吃得健康、合理、科学，包括食事过程中的清洁和卫生，这个是至关重要的。其次对我们健康的保护体系是“N 事”，比如说空气、水质、幸福指数等。最后才到“医事”，也就是医疗，你这个时候病了，才和医疗的关系融合。

为此我们在给省里若干部门的建议报告当中也明确地提出了，要把餐饮业列入公共卫生服务能力建设有机组成部分，还专门提出了要支持出台云南省餐饮条例，深化行业防疫监管，降低病从口入风险，强化职业道德操守，构建文明用餐体系，提高卫生健康水平。后来过了大概半个月左右，我又看到了国内比较著名的几位专家就这个问题向国务院提交了一份报告。这份报告专门地提出了要把餐饮业作为国家公共卫生安全体系的重要环节来进行建设，我觉得这个提议非常好。

其实通过这次重大公共卫生事件，我们确实深切地感受到了规模庞大的餐饮业在此事件中缺乏科学系统的公共饮食卫生安全应对措施，显得格外脆弱、被动。对于我们来说，反思是比较多的。我们对食物本身的安全检测和监管体系相对比较严谨，消费者在餐饮企业所知道的食物安全，本身的监控监管体系是相对比较健全的，但是对操作环节的监管，现在还有很多需要我们去对比反思，在今后的工作中要特别关注和调整。然而这些细节和商业运行的利益所在和服务对象的安全、包括自身安全是息息相关的，这也需要企业去反思和完善。现在强调理念先行变革发展，这个理念先行可以包含几个方面。比如说从技术上的认知，包括但不限于互联网和互联网 + 的技术变化，包括厨房技术、习惯、人际关系、财富认知等变革。

田芙蓉：十分感谢杨会长的分享。杨会长给我们强调了加强餐饮业管理的重要性和紧迫性，让我们看到了餐饮业未来的发展方向。因为时间的关系，我们就不再深入讨论了，现在是论坛的提问环节。第一个问题，“请问杨会长，小弱型的餐饮企业如果得不到更多的疫后帮扶，该怎么应对和争取？”

杨艾军：李教授刚才已经谈到了，其实没必要强撑。确实撑不住了，“关停并转”也是一把钥匙。还有另外一把钥匙，和李教授的方法差不多，就是发展特色，抓住你自己的特色菜品或口味，通过现代餐饮的模式来发展。

田芙蓉：好的，谢谢杨会长。下一个问题，“请问蒋大师，成本过高，原材料价格高，利润又低，要求又严格，餐饮该怎么改变？”

蒋　彪：这个可能是一个系统工程，原材料确实是大家都束手无策的问题，如果叫我来当总经理，我也会束手无策。当然按照传统餐饮企业来讲，餐饮企业的利润，是从牙齿缝里边儿省下来的，这意味着疫后企业处处都要节约，才能渡过难关。

田芙蓉：谢谢蒋大师的解答。下一个问题是咨询袁董事长的，“请问你们消毒现在也比以前多了，餐厅也实行了许多防疫措施，是否会造成成本的增加，取之于民用之于民，你们餐厅开业以后会不会很贵？”

袁　源：不会，我个人觉得这个阶段其实是由我们之前的盈利模式构成的，没有考虑这个部分，这是企业自己应该消化的。包括刚刚蒋大师提到的未来餐饮成本高，这个怎么办？我觉得实际上通过自己的差异化、特色化，稍微把价格做的高一些，这个可以覆盖。现在全国同样做 70 元客单，可能有些企业就可以做到 90 元，甚至做得好的，还给到 150 元客单，但是有很多本地企业只能做 70 元。所以我觉得当下我们不会涨价，消费者可以放心，这个是我们本来也没有考虑进成本的。所以餐饮企业一定是自己做得有多好，消费者就认知你是什么价值，因此各位顾客可以放心，所有的价格其实都是你们定的，不是企业定的，顾客觉得我值，我才有生意，所以大可放心。

田芙蓉：今天的讨论非常热烈，大家聚焦新冠肺炎影响下餐饮业面临的困境、机遇和发展趋势各抒己见、畅所欲言，由于时间的关系，我们本次沙龙讨论就到这里了。但是这仅仅是一个开始，期望通过这次讨论为大家点燃思想的火苗，更好地推动餐饮业的恢复和发展。非常希望有机会和大家做进一步的交流和沟通。谢谢大家。

景区智慧化建设与线上运营

主 持 人：谢晔

发言嘉宾：汪早荣、董颖、杨晨曦、付朝宏

谢　晔：一场突如其来的新冠肺炎疫情席卷了全球，我国主要的景区景点大范围暂时性关闭，相关文旅活动也陆续取消，文旅消费大幅萎缩。中国旅游协会休闲度假分会会长魏小安指出，整个旅游产业在春节期间每天的损失高达178亿元，损失非常惨重。这场疫情按下了旅游业的“暂停键”，整个旅游板块也在做抱团取暖的工作。在党中央坚强领导下，大家万众一心，众志成城，全国各地陆续传来疫情零新增的捷报，旅游行业也正在逐步迎来春暖花开的时节。

在此背景下，针对聚焦疫后景区重建和高品质发展策略，开展一次沙龙活动是非常及时与必要的。今天我们很荣幸地邀请到深大智能集团汪早荣董事长、丽江股权管理有限公司董颖总监、西双版纳好行旅行社有限公司杨晨曦董事长、理苍山石门关景区付朝宏总监。四位嘉宾都是从事旅游景区信息技术端的专家，今天我们将围绕景区智慧化建设和线上运营期的主题进行深入探讨，为云南打造“健康生活目的地”建言献策。

随着人工智能、大数据、5G等数字信息技术的发展与应用，文旅数字化逐步打破传统旅游业的局限，文旅产业深入融合，激活并加速了文旅产业的创新。作为智游宝创始人，汪总您1996年创办企业至今已二十多年，旗下的深大智能集团已成为国内最大的智慧文旅综合解决方案供应商和目的地运营服务商，请您分享一下数字化文旅发展的进程及背景。

汪早荣：国内真正提出数字化文旅是1996年。景区是数字文旅的核心，当时杭州需要把40万张纸质的公园年卡变成电子年卡，这标志着景区开始迈

向信息化的第一步。我认为，数字化文旅发展过程主要分为五个阶段。

第一阶段是 1996 年到 2003 年，基础信息化时代。这个阶段的核心是做电子交易系统，帮助景区实现门票的防伪、数据的统计等基础性的功能。这个阶段，软件已经能满足当时简单的要求，而重点是要解决硬件国产化。

第二阶段是 2004 年到 2008 年，数字文旅发展期。此阶段是推动数字化景区的建设高潮。以九寨沟和黄山这两个国家 5A 级旅游景区开始尝试，建立数字化示范景区。此阶段虽然有了电子商务平台，但主要还是以比较单一的解决方案推广运用为主，只解决了旅行 B2B（Business-to-Business）模式需要。

第三阶段是 2008 年年末到 2012 年，旅游 + 互联网时代。数字文旅快速发展阶段，以驴妈妈、同程为代表的 OTA（Online Travel Agency）兴起，进入旅游景区的门票分销领域，推出了连接线上线下的一个 BTB 平台票务宝。这个阶段主要是用 PC 互联网的理念来改造景区从管理、营销、服务整套体系，此时景区信息化步伐开始加快。

第四阶段是从 2013 年到 2017 年，旅游 + 移动互联网时期。比较经典的有携程和同程“双程大战”，凸显出线上消费的激烈竞争和发展，也刺激和推动了线下旅游景区和企业数字化的进程。2013 年，移动互联网对于大旅游景区和目的地来讲，还是一片空白。从黄果树到华山，再到敦煌，开始尝试用移动互联网手段，结合数字景区线下系统形成一个以移动互联网的运营为基础，覆盖周边“食、住、行、游、购、娱”六要素，从而形成目的地总供应链的模式。这个模式是通过打造 LOTS（Local Online Travel Supplier & Service）目的地的生态，促进了信息技术和线下运营的深度结合。

第五阶段是 2018 年至今，高新技术发展期或文旅融合期。随着后来人工智能 + 大数据 + 区块链技术 +5G 技术的应用，数字文旅进入到 5.0 时代。2018 年开始人工智能投入各个景区，人脸识别覆盖了全国几百个大流量景区，促进了旅游目的地联盟的兴起。同时，区块链技术促进了各个平台之间信息互通，促使数字化文旅再次进入一个快速发展的新阶段，以景区为核心的文旅企业实现了几大维度的创新提升，我们称之为“文旅企业的数字化转型升级”。

谢　晔：谢谢汪总的分享。数字文旅从一个简单的电子交易系统到如今人工智能化服务体系，现已进入 5.0 时代，五个阶段历尽艰辛。文旅企业要经受住疫情考验，抓住疫后市场回暖的机遇，就要练好内功，做好转型升级的准备。信息时代，转型升级离不开数字化，它加速了文旅企业转型升级的步伐。汪总，您认为在此阶段，文旅企业转型升级的核心和立足点什么?

汪早荣：根据多年的实践，我认为文旅企业转型升级需从六个维度着手。第一（最关键的）是技术。在数字化过程中，技术是必不可少的。现在很多文旅企业都面临信息化和数字化的顶层架构设计的问题，曾经的“信息孤岛”“烟囱林立”模式不再适用，越大型的文旅集团越需要形成一套完整的架构，实现整个转型升级的快速发展，以及未来的可持续发展。

第二是人才。人才对文旅企业提出了更加苛刻的要求。文旅企业想要实现转型升级，建设优秀的人才队伍刻不容缓。近几年，重点文旅企业和目的地、院校都开始从数字化能力、移动互联网思维、旅游产品创新能力和运营能力等方面来培养专业人才。

第三是产品。产品升级是文旅企业转型过程中持续发展的关键维度。文旅企业现在到了去门票化的产品升级阶段，门票这条路未来是走不通的。比如，杭州老宋城是一个占地 85 亩，年接待游客量 990 万人次的景区，不依靠门票模式，以主题公园为载体，结合当地文化，打造特色演艺，构建了一个演艺娱乐城，吸引游客重复消费，效果很好。

第四是管理。越是面临行业冲击，越要善于向管理要效率。谁的效率高，管理理念顺应市场趋势，谁就能生存。因此，要顺应市场结构的变化，从原来客流的管控转向全业态多景区的一体化管理，提高管理效率和水平。

第五是营销。传统资源型营销、外部托管式营销已经无法适应文旅企业的转型需求，目的地运营需要构建全渠道营销能力。比如，海南蜈支洲岛就是一个很典型的全渠道营销能力景区，这对很多传统景区来说营销转型是一个很大的挑战。

第六是服务。随着人力成本的上升，传统服务高成本、低效率模式已经不再适用。同时，消费升级带来的是消费者服务水平和质量的新要求。文旅企业要构建一个全场景数字化服务体系，通过人工智能来提升服务，带给游客更好的体验。

谢 晔：谢谢汪总！正如您所言，在当前阶段，文旅企业转型升级的重中之重就是要围绕技术、人才、产品、管理、营销和服务这六个方面实现精耕细化和提质增效。我们想知道，围绕这六个方面，您在推动文旅企业转型升级过程中探索出了什么样的有效路径？

汪早荣：一是做好技术的顶层设计。最核心的就是“三位一体”框架和一体两翼信息化的顶层设计。第一个方面是通过技术、数据、运营赋能的“三位一体”模式。同时形成运营为核心引擎，以大数据为核心实现线上线下一体化的产品与服务体系，构建旅游目的地 LOTS 生态圈。近几年，一些重要的地级市、县级的全域旅游，基本上都是按照这一套体系来构建的。第二个方面是构建一体两翼架构，以企业的数据中心为机体，这是最核心的部分。分别以资产的全域旅游运营平台和全面数字化建设为两翼，从基础的信息化挖掘到多目的地的运营实现多业态跨区域文旅集团的建设。

二是拓展人才培养渠道。我们每落地一个合资的企业，都会本地化培养运营人才，虽然速度很慢，但是它的效果还是很好的。下一步准备跟职业技术学院合作，来定向培养提供目的地方面的运营人才，也为全国各大目的地平台提供了人才培养路径。

三是加强产品创新升级。我们在目的地产品创新、活动创新、营销策划上花了很大工夫。比如，乐山大佛的夜游三江、武功山的帐篷节都会有抖音直播，并达到 5 亿多的播放人次。很多目的地平台的文旅融合、特色产品销售都在以门票为流量核心，构建“吃住行购”这样的一个二销体系，形成产品创新的供应链，这是文旅企业的产品转型必须要走的一条路，如果没有产品内容的创新就等于是无米之炊。

四是推动数字化管理运营。2014 年莫高窟实行的实名制分时预约现在已经成为国家文物局的标准，这种模式是通过管理端的创新，然后实现运营服务的全面提升，带来有序化管理的和经营上的精准流量输送，并提前预判游客量，因此这种管理对景区整个智慧化、数字化方面是相当有利的支撑。还有现在的数字化景区，它的整个综合管控平台也是管理上很重要的一个武器，经过了十几年的发展，从以前的人工手绘地图到如今的AR技术全实景地图。全域旅游的综合管理平台大部分都是围绕一个文旅局或文旅厅覆盖整个全域数据来进行监管，不同的管理维度上也有不同的版本。

五是推动营销变革。我们制定了营销四大法则。第一法则是核心流量的审核。目的地离不开流量、场景、内容三要素，流量的审核实际上是目的地的命根子。第二法则是对周边资源进行整合。当运营做起来之后，门票免费反而是一个最好的手段，它能带动流量的提升，如实名制分时预约对游客的分布和来源等所有数据能提前掌控，这是极其有利的。第三法则是利用这些自有流量实现微客服和流量的转换。第四法则是用好“两微一抖”和直播。这四大营销法则是每个目的地和景区都要走的一条路，有一定普适性。

六是推动数字化服务。信息时代的服务需体现出组织数字化的服务能力。游客中心可以使用机器人实现跟游客互动，同时也能够实现人脸购票入园，景区内部的全场景语音导游导览、购物场景智慧化的新零售模式现阶段都已投入使用，以及智慧小交通无人驾驶车辆在未来也会成为目的地常态化的配置。

2013年从区域性的LOTS平台，逐步向全国众多旅游目的地开始复制，整整7年时间，我们一步步过来，流了很多血汗，也被摒弃了几个平台，现已有数十个LOTS平台落地。我们在内容创新、人才培养方面不断探索和磨合、快速提升，在技术、产品创新、数据应用等几个维度不断地小步快跑、快速迭代，过程中并没有标准参考，只有靠实践走出一条路来。文旅企业数字化运营绝不是一句空口号，都需要脚踏实地一步步走。

谢　晔：谢谢汪总，满满的干货。汪总多次提到转型中的困难。的确，转型升级从来都不容易。然而，实践是评判成功的唯一标准，汪总给我们传递了他所带领的深大智能集团在转型升级过程中积累的丰富经验，对文旅企业转型升级具有很强的借鉴意义。鉴于技术的重要性，我们想请汪总继续分析下，在数字化转型中，文旅企业转型升级主要涉及哪些方面的新技术？

汪早荣：主要涉及“5IBCD”五大新科技，5是5G，I是人工智能，B是区块链，C 是云计算，D 是大数据。因为时间关系，在此我不一一展开了，主要从 5G 和区域链这两方面简要说明下。5G 应用随着疫情之后国家新基础设施建设的全面展开，会成为未来数字化景区、目的地输出及文旅企业的标配。据中国信息通信研究院预计，到 2025 年，我国 5G 网络建设投资累计将达到 1.2 万亿元。像无人驾驶、无人机景区高清直播以及 AR、VR 等应用会逐步覆盖景区，必将为游客带来更加美好的旅游体验，给景区带来更大价值的提升。因此 5G 技术的融合应用要放在首位。B 是区块链技术。我们在今年的 1 月份构建了一个去中心化的旅游目的地联盟链，实现产品互推、流量互导的统一营销，打通原来“信息孤岛”模式，对特有数据进行加密，利用区块链技术完美地解决了文旅企业之间去中心化共享问题，打造区块链联盟生态圈，这也是未来的一个发展方向。

谢　晔：随着 5G、人工智能、区块链、云计算与大数据突飞猛进的发展，5IBCD 的应用与文旅融合，为游客丰富更多的体验内容，构建了一个全面且完善的智慧旅游生态体系，对推动文旅企业转型升级具有重要意义。现在疫情还未彻底结束，汪总您怎样看待疫情对文旅数字转型的影响？

汪早荣：数字化是文旅企业发展的必然趋势，疫情的出现助推了新技术在文旅产业上的加速应用。此次疫情对文旅的数字转型很突出。第一是防御性开园。需要在景区的入口设立智能的人体体温识别闸机，有效地对游客进行筛查，以及健康码、实名制分时预约的应用。第二是短视频直播营销。各大平台都开启跟风模式，短视频营销实现了井喷式增长。第三是导游导览平台即将成为标配。这是疫情下文旅产业的长期趋势。第四是实景智慧管控平台。从 AR 方面实现全流程对游客进行管控。第五是社区化营销。这也是疫情对营销方式转型的一个长期性影响。

应该看到，疫情不会改变文旅产业的长期向好的发展趋势。我国国民的消费能力决定了文旅消费供给端只有不断地升级，才能推动文旅行业的发展。现在消费端能力很强，压力很大，特别是今年出境游受限，被迫转向国内游，而这些消费能力，各个旅游目的地和众多文旅企业有没有准备好？供给端能不能满足这样的高消费？比如说，咱们云南有没有能够让游客过来玩一个礼拜，花掉 2 万块钱的产品？这些都是大家应该去思考和寻求改变的。要积极携手互联网、IT、资本、政府、培训机构来共建共创全域文旅新生态。

谢　晔：感谢汪总！我很赞同汪总所说的疫情不会改变中国文旅发展的前进步伐。同程的预测数据显示，今年文旅产业有望实现快速反弹，甚至“井喷”，带来前所未有的消费增长。线上数字化的转型升级已经进入了白热化状态，加速推动着文旅行业的跨越式发展。正如汪总所说，共创共建全域文旅新生态这件事情已经迫在眉睫，势在必行。我们再次感谢汪总的分享！

2020 年 2 月 20 日，丽江古城发布了恢复接待游客的公告。在做好新冠肺炎疫情防控的工作下，对云南省内国内疫情防控低风险地区进行了开放。我印象很深刻，在 2 月底的时候，我在朋友圈看到了丽江古城的短片，它的景色还是那么美，静等大家的到来。丽江古城在严格按照国家指南有序做好防疫工作的情况下，如何做到一手精准地抓防疫防控，一手抓景区的有序开放，为广大游客和市民提供了安全、有序、文明、和谐的一个景区旅游环境？下面，我们有请董总跟我们分享一下疫情给丽江古城景区带来的影响及应对措施。

董　颖：好的，谢总。景区中主要有四类主体受到疫情带来的影响。

第一是实体企业。旅游企业是本次疫情中受疫情影响较大的主体，它是在旅游链中的中介平台，是游客与景区之间的纽带与桥梁，受限于人流冻结和景区关停，旅游企业失去了重要经营要素，在疫情中处于停工状态。第二是经营者。本次疫情对于经营者也产生了同样的影响，在失去消费群体后，还要背负着沉重的房租压力。第三是从业者。从业者作为底层人员，在疫情中将面临收入的不稳定，同时根据旅游企业、经营户自身抗风险的能力，也将面临失业、再就业的风险。第四是社区。社区作为居民公共管理机构，在疫情中主要负责疫情的风险管控与排查，同时一般社区工作人员配备紧凑，而丽江古城社区内包含了原住民、经营户、游客及从业人员，排查与管控压力较大。

虽然受疫情冲击较大，但丽江古城景区能够在困境中找优势，实现了疫情的有效应对。一是发挥国有企业优势。在非常时期凸显国企担当，率先主动向公房承租户减免租金，切实减轻经营户负担。二是开展联防联控。根据街道、社区、企业、主管部门在丽江古城景区中的职能分工，统一部署，统一行动，筑牢了景区疫情防控线。

谢　晔：谢谢董总。前面我们提到，当前文旅产业转型升级是要实现数字化转型和智能化运营。我们知道，丽江古城一直围绕智慧管理、智慧服务、智慧旅游、智慧创新四个体系和数字与体验、云应用、管理三方面推动数字小镇的建设。请董总介绍一下丽江古城景区智慧化建设与线上运营的现状。

董　颖：从2006年开始，丽江古城保护管理机构结合丽江古城实际情况对遗产地、景区信息化基础设施建设进行了积极的探索和实践，不断推进丽江古城保护管理工作的信息化工作。近年来通过一系列信息化建设，将计算机、物联网、互联网、大数据等信息技术应用到丽江古城的保护管理之中，有效地提升了景区的现代化管理水平和服务水平。特别是2018年以来，丽江古城景区通过“一部手机游云南”、智慧小镇建设，在推动丽江古城建设成为集区域综合管理、信息化智慧服务、智慧旅游深入建设、文化旅游创意繁荣发展于一体的数字特色小镇方面不断取得突破。

现在丽江古城景区线上运营依托一部手机游云南App，开通线上直播20路，实现了线上导游导览和VR体验。同时开通了官方网站、微信、微博、抖音等线上推广平台，不断更新完善内容，提高景区宣传能力。

结合当前5G技术的应用，加深虚拟浏览、高清直播的应用体验，同时提高丽江古城游客大数据分析能力，通过游客年龄段、出行方式、浏览偏好等信息数据，实现游客画像分析，实现精准推广。

谢　晔：一场新冠肺炎疫情，使得原本井然有序的春节黄金周旅行旺季戛然而止，大量景区陆续关闭，旅游业在此次疫情中受到强烈冲击。展望未来，宜长远兼顾，化危为机，才能以最好的姿态迎接旅游业春天的到来。董总，您认为此次疫情为景区振兴带来什么样的启示？

董　颖：我认为主要有四个方面。第一是景区建设。疫情防控既是战场也是考场，通过解决在疫情期间景区暴露出的短板，加强景区经济模式转型，使景区产业链得到延伸，实现收益方式多元化。第二是产品营销。疫情改变了文旅企业和原先景区重建设、重规划的发展模式，凸显了线上营销的重要性。武汉在封城期间率先推出城市宣传片，广泛受到传播，为武汉市起到了控制恐惧、消除恐惧、稳定城市形象的作用，值得我们景区学习。线上营销不受限于人流的冻结和景区的暂时关停，能够突破时间、空间的限制，是为景区抓住疫后首轮旅游消费释放机会的重要手段。第三是景区服务。借助智慧景区建设，使景区服务向无接触、自主化、智能化发展，智慧酒店入住、门票预订、预约入园、无人商超等应用将受到游客的认可与使用。第四是应急管理。一方面结合智慧景区建设，提高公共安全管控能力，提高景区公共事件的响应及处理突发事件的能力，在突发公共安全事件时有效减轻人力投入，并提高相关数据采集、分析的能力。另一方面提升景区信息研判能力，从而科学决策，提前预防，当前景区重视人流预警，但对其他潜在风险的预警机制不完善，只有及时向旅游企业和从业者发出分级风险警示，提醒旅游企业科学决策和防范，才能在今后化被动为主动。

谢　晔：后疫情时代，在全域文旅融合高质量发展的背景下，董总您认为旅游景区如何通过智慧化建设与线上运营，实现华丽转身？

董　颖：2017年，云南省和腾讯联合打造了“一部手机游云南”项目，为智慧旅游加码赋能。两年来，“一部手机游云南”项目面向政府横向近3000个部门，纵向面向省、州（市）、县（市区）、景区及涉旅企业四级体系，包括400多家景区、1482路慢直播、30000多家诚信商家，利用新一代信息技术，深耕目的地智慧化旅游体验，为“吃、住、行、游、购、娱”等旅游问题提供数字化解决方案。在游客体验、前沿技术应用、旅游管理服务等方面，实现了跨越式发展和变革。根据《云南省人民政府关于加快推进旅游转型升级的若干意见》（云政发〔2018〕38号）、《云南省“一部手机游云南”工作领导小组关于印发2019年全省“旅游革命”九大工程实施方案的通知》文件精神，按照

“国际化、高端化、特色化、智慧化”的发展原则和“云南只有一个景区，这个景区叫云南”的全域旅游理念，着力实施“一部手机游云南”完善提升、旅游厕所建设、智慧景区建设、旅游品质提升、自驾旅游推进、康养旅游建设、全域旅游发展、文旅品牌塑造、旅游市场持续严打严管九大工程，全面落实“旅游革命”任务部署，加快旅游产业转型升级进程。

后疫情时代，景区在智慧化建设中，要充分做好统筹规划，避免重复投入、无效投入，减轻智慧化建设资金投入带来的负担。首先应结合云南旅游景区行业现状，需具有可操作性，切合实际，在谋求前瞻性和先进性的同时，应考虑到投资的经济性和效益原则，不可盲目投资，投入产出不成正比，加大景区的运营压力。以云南为例，云南省作为旅游大省，拥有着丰富的旅游资源，集自然风景旅游资源和人文景观旅游资源为综合体，呈现出人文景物、文化传统、民情风俗三大特征。随着国家科技水平的不断提升，信息化建设不断应用到各个行业领域，但在全面开展智慧化建设的同时，也一定程度存在科技成果转化为提升景区效益效果不明显的问题，智慧景区建设作为新兴技术发展应用，建设成本高，技术更新迭代快，后期将给景区带来大量的、常态化的系统运营维护、升级、改造费用。

因此，在建设智慧景区的过程中要重点考虑两个问题：一是统筹考虑景区整体自营收益与智慧化投资的比例。智慧化建设投资占比过高却不能转化为一定程度的经济效益，将加大景区运营压力，陷入进退两难的境地，把不具备效益的原始系统停用，将成为景区运营的沉没成本，继续更新系统将增加投资支出，成为无效成本支出，造成更多的损失，因此只有科学决策，合理立项才能使智慧化建设助推景区发展，而不会成为景区的负担。二是景区智慧化建设应结合自身景区行业现状，注重“统一规划，因地制宜，分步实施”的原则。统一规划是指全省一盘棋稳步推进智慧景区建设。

首先，要统一在数字云南、智慧旅游规划下进行智慧景区建设。使目标方向一致，而不是各自为营，以免旅游资源在后期得不到有效的整合，成为孤岛景区，孤岛系统。

其次，因地制宜结合景区特征特色、游客特点创新智慧建设应用。“鞋子合不合脚，自己穿了才知道”，景区场景适合什么样的智慧化应用，只有景区最了解，照搬照套，并不能契合景区特点使游客体验升级。

最后，要注重分步实施，动态优化。信息技术的应用随着整体科技水平、通信网络等技术不断更新迭代，智慧景区的建设是一个动态调整的过程，整个景区智慧化建设体系要具备自我革新、与时俱进的能力，从而避免重复投资。

另外，我认为，景区智慧化建设发展还应注重以下四个方面。

第一，景区智慧化建设发展要能有效推动景区全面发展，在景区经营管理水平、宣传营销等方面有提升作用，同时能便捷、有效地服务好游客，提升游客满意度。智慧化建设是景区转型升级的重要支撑和手段，通过信息技术创新游客体验，结合大数据分析应用，描绘游客画像，可为景区实现精准营销，降低景区宣传成本，拓宽传播范围。与传统的营销方式相比，通过线上平台精准向用户进行宣传不仅轻量化，还有信息量大、表现力强、直观性好等特点。同时以信息技术为抓手，整合景区内部管理、职能管理工作内容，实现透明化、制度化、流程化、线上化的工作体系，能够极大促进景区工作效率，及时响应游客诉求，发现景区发展短板，从而不断提高游客满意度。

第二，智慧化景区建设需在数据的更新、统计和反馈工作上达到及时性和准确性，发挥数据助推行业发展的作用。旅游数据是一个持续动态的数据，面向游客可挖掘“吃、住、行、游、购、娱”六类数据，面向景区可挖掘“人、财、物、产、供、销”六类数据，只有实现景区旅游资源的数据化、模型化才能支撑各类信息系统有效发挥作用，进一步为景区各项决策提供依据。通过目前的一些建设经验，旅游数据的收集与应用是当前智慧景区建设的难点之一，各个景区旅游资源类目繁多，没有统一的数据类目整理条目，使各个景区之间数据难以汇总整合，形成整体的云南旅游数据，各景区也会出现疲于为数据建立系统，而各行业、各主管部门之间的数据无法关联，使数据分析应用不够深入。只有实现各景区、各行业的旅游资源互联互通，搭建数据共享平台，才能为景区科学决策、精准营销提供重要支撑。

第三，需重视智慧化景区建设中信息资源隐私和安全。网络安全是智慧景区建设的重要保障。覆盖智慧景区信息系统网络安全等级保护和信息安全等级保护工作是景区智慧化建设势在必行的工作，只有建立健全的信息资源等级制度、规范的信息采集规范制度，才能确保信息资源数据的安全性，进一步稳固降低信息数据采集的风险。

第四，“数字云南”建设助力景区疫情防控、复工复产两手硬、两手赢，利用大数据手段，在景区推行扫码进出措施，加强疫情溯源和监测，不接待拒绝扫码入园的游客，为打赢疫情防控阻击战提供强大支撑。疫情防控以来，全省积极运用大数据、云计算等数字技术，研发“云南抗疫情”微信扫码小程序，应用“云南健康码”系统收集入滇人员健康状况，为疫情监测分析、精准防控救治、公共资源调配提供支撑，助力疫情防控阻击战。同时，在2020年疫情防控期间，景区智慧化建设作用突出明显，具备线上直播、短视频等虚拟浏览基础的景区实现了线上有效宣传，稳步做到景区推广不停滞。未来结合5G技术的普及应用，以VR、AR高清视频传输的虚拟浏览体验将受到追捧，实现无接触操作的智慧酒店入住、门票预订、无人商超等实体应用受到游客的认可与使用。

谢　晔：谢谢董总的分享。2018年以来，丽江古城景区通过“一部手机游云南”、智慧小镇建设，全力推进旅游智慧化，在营造旅游新生态方面不断取得突破。丽江古城5G技术线上智慧化的建设应用加深了对游客的管理，做到了非常精准的游客画像。这个让我想到3月18日，文化和旅游部产业发展司高政司长提到，我们要把握产业发展的新趋势、新需求，抓住5G、超高清等技术发展的机遇，加快推动数字文旅产业发展。我们确实走在了这个行业的前端，开始注重去引导培育整体的体验性消费和智能性消费的新热点和新模式，丽江古城做得非常棒。

在数字文旅产业发展过程中，我们也能收集到一些整体的信息。但是实际的应用过程当中，还需要重点景区来进行落地和突出。像刚刚汪总所说的，其实很多转型的方式，还是靠大型的文旅集团在行业内进行推动。接下来，让我们听听不同景区的智慧旅游建设的情况。有请西双版纳好行旅行社有限公司董事长杨晨曦杨总分享一下景区的智慧旅游的发展情况。

杨晨曦：景区的智慧旅游起步比较早了，刚才汪总也提到，智游宝运营已经很长一段时间了。那么从商旅平台搭建开始，其实就已经算是一个智慧旅游的范畴了。虽然说是当时可能还没有提出智慧旅游这样的概念，对于我们景区，可能只是打通了一个线上的销售窗口。后来开始经过逐步的拓展和完善，为游客提供更优质、更贴心的服务，使景区的管理更加科学化、营销更加精准化等。我们景区的智慧旅游和线上运营主要从以下三个层面来说。

第一个层面是管理方面。这些年随着云南省“一部手机游云南”重大战略的推进，景区的智慧旅游基础建设迈出了很大的一步，包括集团化的票务系统、营销管控平台、OTA 的一些直联。现在，我们有智慧消防、野生动物的监测，包括智慧安全防护，电子边界的安全防护围栏，景区的安全巡逻系统等。

第二个层面是景区线上运营。云南是一个远程目的地，大多都是一些风景名胜区和自然保护区，用大型度假村、主题公园等二消模式弥补门票很难。然而景区能带来巨大流量，线上运营模式其实也就是流量怎么变现的问题，同时也就是产业链加互联网这样的方式，通过一个具备 IP 价值、能够创造价值空间的产业链，获取餐饮、住宿、交通、文创、购物、演艺等全产业链的一个综合收入。

第三个层面是宣传费的投入和渠道价格比价的问题，包括渠道、线上线下、OTA、门店、要素、资源以及景区“最后一公里”问题。

谢　晔：根据云南省旅游景区协会《云南省旅游景区应对新型冠状病毒感染的肺炎疫情有关情况的调研报告》调研统计，受疫情影响，与 2019 年春节期间相比，云南列入统计的 73 家景区按照以门票收入为主的直接损失达 1.9 亿元，景区面临巨大的经营压力。在疫情冲击下，杨总您怎么看待景区运营的未来发展趋势？

杨晨曦：景区未来的趋势就是大健康、大数据、大金融。一是大健康。疫情以后，人们的消费观念会有一些变化，会影响到景区未来很多年的发展。休闲、乡村、生态、康养等概念亟须进行深化，景区应该在省委省政府提出的“健康生活目的地”上久久为功，逐步设计出一些好的产品模式出来。二是大数据。其中也包含智慧化和信息化的概念，比如，我们所熟知的人工智能系列。现在，大数据的多元化程度还不高，对数据的积累还不足，所收集的渠道还不够，所以如今大数据的应用场景还比较狭隘。三是大金融。目前旅游基础设施的需求增长十分迅速，但旅游开发日益的增量化和集群化仍然比较明显，新型的旅游业态已经形成了一些新的产业链。“文旅 +”“互联网 +”金融的高度融合已经成为一个必然，包括供应链金融到消费金融，将旅游的资源、资产到产权，包括未来的收益等这些要素都进行资本化，通过金融手段来撬动旅游上下游的一个产业链。

谢　晔：谢谢杨总对文旅行业的精辟分析及预测。当前，很多企业在数字化转型方面都做了很多开创性的探索。同程本身就是景点门票起家，十多年来也在做大数据的沉淀，在自身旅游客群中所获取的产品模块也会存在一定的偏向。在对收集的数据进行完整性、全域性的整体梳理和打造过程中，我们发现像杨总刚刚所说的，现在休闲旅游中原来人们的一个出行轨迹，最开始可能是寻找景点，然后在周边巡点，而现在是反过来了，从数据上确确实实就能显示出来这个趋势。这些年越来越多的客群更注重独特性和体验性，所以我觉得接下来的重点就是目的地打造方式的升级优化。正如汪总所说的，景点门票一定会被市场慢慢地淘汰掉，未来的主流景点场景可能会类似于像西安模式和西湖模式，当然，这只是我个人的看法。接下来我们继续请付总监分享大理苍山石门关景区智慧化建设的进展及经验。

付朝宏：很荣幸今天能参加此次研讨会，在此，我代表大理苍山石门关景区，向各位分享一下我们景区智慧化建设。

大理苍山石门关景区的信息化建设始于 2013 年，当时智慧旅游、智慧景区的概念已在网络上被炒得很热，各地网络科技公司都纷纷推出了一系列智慧景区解决方案，可实际上这些科技公司远没有达到真正的智慧化服务的要求，而那时移动支付还没有现在这么普及，所以游客体验度实际上并没有得到多大改善。

因此，我们没有盲目跟风，而是结合自身实际情况，先打好基础，架起了超短波通信基站，铺设了总长十几公里的基础光缆，然后以改善客户体验为导向，从景区自助导览和电子票务系统建设开始，逐步走出了自己的智慧旅游、智慧景区的发展道路。

特别是2017年年底，在阮省长提出“一部手机游云南”的指示后，我们更加坚定了方向，紧紧抓住“一机游”这个切入点，调整部署，以省旅发委“一机游”项目的总体规划为指导思想，迅速把已建成的系统版块并入“一机游”中，同时新建项目都严格按照指导标准有序落实、稳步推进。在工程建设中，我们秉承着以“一机游”的标准为纲，融合创新，力求让客户体验更好；集中解决景区的实际问题，做到最省钱、最实用；面向未来，坚持让系统可扩展、数据可共享、展示能统一三原则。

如今大理苍山石门关景区的智慧旅游服务平台不仅仅要满足游客旅游观光的需要，还融合了电商购物、休闲娱乐、酒店客栈运营管理、全民营销、环境监测、能耗管理、生态修复、康体养生等各方面的需求。

谢　晔：景区智慧化建设是一个漫长的过程，它需要不停地验证，需要付出大量的心血，也要像汪总所说，得吃很多苦头，打很多硬仗。在这期间，付总监您做了哪些工作，成效如何？

付朝宏：我们结合实际景区自身发展情况与所处地理位置的特殊性，做了十方面的工作。

一是统一思想，不断提高对“一部手机游云南”智慧景区建设重要性的认识，极大增强游客的舒适度、体验感、便捷性和自主性。二是形成合力，进一步完善景区通信基础设施。在中国移动、中国电信、中国联通等部门的共同努力下，实现了景区4G网络的全覆盖，5G网络逐步建设的良好局面。三是周密安排，不断优化景区导览系统，如建有中、英、日、韩自助语音导览系统，无线、耳挂式语音导览系统，优化“景区服务栏目”。四是夯实基础，抓好智慧厕所改造和建设，以厕所革命为契机，加快景区基础设施建设，夯实发展基础。五是扎实推进停车场智慧化改造提升。六是统筹兼顾，认真抓好涉旅商户的审核与对接。PC和WAP电商网站管理系统实现线上线下统一化。七是多措并举，加强和充实景区电子票务系统。建设一机游专属智能人脸识别和扫码入园的闸机检票通道、自助售、取票机系统，组建网页、QQ、微信和电话客服“四位一体”的景区客服中心，构建温泉管理系统和智慧营销系统——建成线上线下全民营销系统。八是超前谋划，全面提高景区智慧化水平。主要建成了资源监测和能耗管理系统；景区大气环境监测系统，实时环境、气象数据，并通过大屏向游客展示；建成了石门河水质监测站，实时掌控水质水情提供第一手资料；建成了景区通信、调度、监控、指挥和管理系统，提高了运营调度和应急指挥的效率；进一步优化了运营管理和游客服务，为游客提供便捷的服务；促进公司无纸化办公系统。九是全面建成石门关农业物联网管理系统。十是提高电力保障的稳定性和可靠性。确保“一部手机游云南”智慧景区建设项目的正常运行，确保“慢直播”无间断、高质量、高清晰直播。

我们景区在智慧化的建设步伐中，充分运用现代网络技术和先进的科技手段，切实加强了景区管理、市场营销和产品推广，加快从线上体验到线下消费的转变，提高服务质量、管理水平和综合效益。推动景区优质发展等方面取得阶段性成果，在大幅度提高了景区的知名度和美誉度的同时，在旅游扶贫上取得突破性进展。随着接待人数的逐年增长，辐射带动作用不断增强，旅游综合效益不断提高，促进了县域经济发展。

谢　晔：谢谢付总监的详尽分享，让我们更深入地了解到了大理苍山石门关景区在智慧化建设方面的努力和成效。请付总监继续为我们介绍一下，大理苍山石门关景区对疫后的景区智慧化建设和线上运营的重点工作都有哪些?

付朝宏：我们的重要工作分为四个方面。首先，加大成果的应用与普及。采用“以点带面”的方式，从景区工作人员入手，切实抓好“一部手机游云南”系统的应用和推广。其次，巩固和扩大“一部手机游云南”智慧景区建设成果。再次，针对疫情，努力提升景区智慧化建设水平，为企业减负。最后，大力推广智慧营销。积极应用自媒体多方位实现互联网营销，为景区引流。让景区的营销贯穿旅游的各个场景，而不是将产品与产品、产品与使用场景割裂开来。

谢　晔：谢谢付总监。疫情之下，这些措施对文旅企业转型确实都是针对性很强也很迫切的。因为时间的关系，我们在提问环节抽取两个问题请四位嘉宾按照发言的顺序简要回答下。第一个问题，“由于疫情的关系，虚拟旅游迅速兴起，文旅企业如何在新型模式下生存”？

汪早荣：文旅企业要拥抱新技术，利用 AR 模式 + 直播模式 + 实景 + 各种活动内容，创新策划更多场景性强的内容。但需要在运营过程中采取不断小步快跑、快速迭代、不断创新的模式，绝对不能固化一种模式，否则容易造成大家的审美疲劳。在目的地场景、流量、内容三要素上，有很大的想象空间和可创造性。

谢　晔：董总您认为虚拟旅游能延展、延续下去，甚至是把它转化为线上营销的流量入口吗？

董　颖：当然。疫情防控期间，具备线上直播和短视频虚拟浏览基础的景区也实现了有效宣传，我们丽江古城也会更多结合 5G 技术的运用，以 VR、AR 高清技术虚拟浏览来推动工作。

杨晨曦：我认为包括虚拟浏览等线上模式，更多是激发游客到实地的一种体验，是另外一种宣传渠道。没有人纠结说我看了 AR 视频还是平面视频，看了后，我就不会再想去了。这其实是一种挑战，我们在做慢直播的时候，就有人发出这种声音，其实应该把景区中更好的产品体现给大家，激发大家更愿意来的一种模式。因为旅游更多是沉浸式旅游，是一种旅游体验。

谢　晔：其实在我看来，无论是通过直播也好，虚拟游也好，其实它呈现的是景区内容中美的部分，实际上是通过这种类型的手段，将更多的人吸引来，可以称之为“种草”。“种草”之后还是需要落地场景当中去实现“种草”之后的感受。付总监您这边有什么想法吗？

付朝宏：对虚拟游，我从事信息技术类工作，所以和大家看的角度有所不同。虚拟游在疫情之前虽然说很火，但是其实没有疫情期间活跃，疫情期间很多人闲不住，又没办法出去看看，从虚旅游上找到心理安慰。所以我比较赞同杨总的说法，我们不管做实景游，还是虚拟游，在另一个程度上都是在宣传景区，但是我们不能把整个筹码压在上面。我个人觉得虚拟游想要更好地发展，肯定是要考虑互动性，必须要有兴趣，疫情结束之后，虚拟旅游的热度肯定会下滑，后期也可以考虑实战体验虚拟模式。

谢　晔：谢谢各位嘉宾的精彩分享。今天，我们讨论了文旅企业数字化转型和智慧运营过程中的顶层设计、景区整体化输出的问题，还讨论了智慧化旅游建设的趋势性、必要性及各个企业宝贵的经验和做法。在现阶段，继续完善和加强景区智慧化建设是应对疫情和实现疫后复苏的当务之急。也像汪总所提到的，大型重点景区在整个行业起到先驱作用和主导作用，我们希望在整个中国的智慧化建设与线上运营上，各个企业能走出不同的路子，形成更多的互联网＋旅游目的地的新模式，助力文旅产业转型升级。本期沙龙到此结束，再次感谢各位嘉宾的参与。

抗击疫情对旅游人才培养的启示

主 持 人：符继红

发言嘉宾：王化新、杨红波、杨洁卿、王兵

符继红：非常荣幸主持本次的沙龙，在党中央的正确领导下、在全国各族人民的共同努力下，2020 年 1 月以来肆虐中华大地的新冠肺炎疫情被有效地控制住，社会经济逐渐恢复。新冠肺炎疫情不但给我国的社会经济带来重创，更让旅游产业处于停摆状态。随着疫情得到控制，旅游产业逐渐恢复，“五一”期间旅游市场的回温给旅游从业者带来了信心。与此同时，疫情为旅游产业的发展带来了诸多变化，旅游产业发展的变化也给旅游人才的培养提出了新的命题。那么，在后疫情时期，如何培养旅游人才，培养什么样的旅游人才，成为重要话题。我们今天非常有幸邀请到王化新、杨红波、杨洁卿、王兵四位专家结合各自经验，聚焦疫后文旅消费新趋势与人才需求新变化、后疫情时期酒店行业人才培养模式优化对策、如何培养讲好中国故事的文化型知识性导游、高素质旅游人才培养策略等展开讨论，这些专家既有来自企业、也有来自院校的，还有来自一线导游队伍的，我相信大家在一起一定会为各位听众带来一场饕餮盛宴。那么，在疫情结束以后，文旅消费会发生什么样的变化呢？接下来，请来自丽江东巴谷生态文化旅游股份有限公司的董事长王化新先生为大家解读。

王化新：实际上文旅消费的变化和呈现的趋势在疫情发生前已经凸显，只不过是疫情发生以来对这些新变化和新趋势更加强化。在后疫情时代，文旅消费将会呈现以下特征，旅游从业人员需要特别关注。

在出行结构上，将从传统的跟团游向家庭游、亲子游转变，传统跟团游的基本业态仍然会存在，但是在产品线路、内容上需要扩充内涵。

在出行方式上，将向自驾游、自由行方向发展，在这种情况下，人们的出行目的将会更加趋向于亲近自然、放飞心灵。从这点来看，疫情后的市场恢复和旅游业的应对有几点要求，需要业界人士高度关注重视：第一，在疫情恢复后，市场会有一个恢复提振期，游客仍然存在很强的戒备心理，会优先选择避开人员密集和空间封闭的区域，更加关注景区的卫生安全状况，如景区建筑的消毒状况、环境卫生的清洁状况、卫生设施的建设情况、人群聚集的安全情况、人群健康的检测情况等。

出行需求将会偏向于安全、健康和愉悦，疫情过后人们会更加热爱自然、回归自然，户外自然景区成为首选，更加青睐康养型、亲子型、田园自然型的产品。

符继红：谢谢王董事长，您刚刚从出行结构、出行方式、出行需求方面对疫情以后文旅消费的新变化进行了全面的分析，那么，您认为这些变化会给旅游人才带来哪些新要求，给旅游人才的培养带来哪些新变化?

王化新：结合疫情过后文旅消费新趋势来看，必然会推动更多的新业态的发展，比如说自驾游的汽车旅游营地、亲近自然的民宿客栈、安全健康的生态康养、青少年劳动教育衍生的研学旅游、个性化特色化的文创产品，以及户外运动等，将受到人们的追捧。新业态新趋势下旅游项目的推出，应该体现：第一，建设项目和提供的产品要“讲好故事”，要有人性化的内容，让游客产生共鸣；第二，要有温度，即服务有温度、有温情，对景区、酒店和新业态产品的打造要有情怀、有情感；第三，要有匠心，未来新业态打造应是先定位消费者、后定位产品，文旅新产品的打造应基于消费者的需求。

在这样一个发展背景下，对于文旅人才的需求将会呈现以下发展趋势：导游人才向高素养、多技能方向转变；研学导师、研学指导员会更加专业化；膳食营养师、文创产品设计与开发人才、户外运动专项人才等将会成为各类专项旅游产品的紧缺人才，当然，这些人才也需要更多的专业知识和相关技能。

符继红：非常感谢王董事长的分享，的确，新冠肺炎疫情的突然暴发改变了人们文旅消费的行为，同时，也对旅游业的发展带来巨大影响，我们知道，酒店是旅游业的重要支撑产业之一，酒店人才也是我们重点培养的人才，那么在疫情的影响下，酒店行业的发展呈现出什么变化？接下来有请来自云南旅游职业学院酒店管理学院院长杨红波为大家解读。

杨红波：2020 年 3 月 11 日，新冠肺炎疫情被世界卫生组织定性为“全球大流行”，其严重程度远远超过了 17 年前的 SARS，多国旅游业遭受重创。这次疫情不仅仅是公共健康危机，更对全球经济、跨境出行旅游造成了严重打击。世界旅游组织预计，至 2020 年 4 月中旬，游客的数量同比 2019 年大幅下降。UNWTO 近日发布，疫情将威胁全球 1 亿左右的旅游业工作岗位，其中有近 7500 万个岗位位于 G20 国家，受影响最严重的分别是亚洲、美洲和欧洲国家。从国内来看，上半年国内旅游景气断崖式下跌，达到历史最低。对酒店行业的冲击非常严重，在酒店市场景气的调查中，景气指数下跌至历史最低，中国酒店业在 2 月、3 月期间入住率下滑了 89%。根据迈点研究院的调查数据，57%~70% 的受访者表示，疫情影响使酒店业的业绩下滑 70% 以上，酒店现金流维持几个月之后会面临资金链断裂的严重风险。

刚才王董事长也讲到了疫情改变着人们的文旅消费行为，同时，也催生了新的业态，正在逐步重构我们的购物消费、商业模式和大众消费习惯，加剧了宅经济、直播、带货、在线教育的火热，就连旅游行业的大咖——携程 CEO 梁建章博士也参与到直播营销中，这显示出酒店、旅游业发展模式，尤其是营销模式的迅速迭代。对于一个成熟的企业而言，要学会在危机面前，关注恢复性增长和常态化趋势增长两方面，关注疫情对人们的消费行为产生的深远影响。综合来看，在消费者行为改变的前提下，酒店行业将会面临以下几个方面的变化，其人才培养也要与时俱进。

一是用户更注重卫生、安全、健康、养生、有机和环保。内观酒店行业，酒店产品的开发与组合、工作流程的优化与人文关怀，将成为必然。对比人才，将会从高技能人才的紧缺转移到对高素质 + 创新思维人才的渴求之上。二是加剧品牌化和集团化的行业洗牌。疫情重创之后，小型的低端酒店很可能因为资金流、现金流的困境，迅速“抱大腿”加入行业的洗牌和并购当中。与此同时，国际品牌同民族品牌的较量必将白热化，中式元素和文化的嵌入加重了本土集团迅速扩张和吸“粉”的砝码。对于人才方面，酒店资本的运作、招投标、收益管理等方面人才缺口比较大，对标准制式的酒店流程化运营管理人才的需求，迅速过渡到对具有优秀文化素养、重视品牌建设、具备新型商业模式运营创新能力的人才需求上。这几年我们也在人才培养的方向上进行了优化。中西合璧的审美、素养提升课程和跨文化交流能力的打造，已经逐步形成体系，这一点随着后疫情时代的来临，将会越来越突出品牌、文化、人文素养的显性价值。三是网络技术及智能化重构了商业模式。疫情前，数字化、智能化、信息化发展已经在酒店业蔚然成风。4 月 16 日，深圳华侨城洲际大酒店与深圳电信、华为公司签署了 5G 智慧酒店的战略合作协议，联合启动全球首个 5G 智慧酒店的建设，将 5G 网络、终端、云应用首次以端到端的方式引入酒店商用场景。通过 5G 智慧酒店系统，我们可以远程控制湿度和温度、体验 VR 游戏、体验 5G 智能机器人流畅的智能服务，兼具了尖端科技与人性化设计的智能生活，正从创意概念变为现实，给酒店行业带来新的发展机遇和创新活力。因此，进入酒店行业的从业人员已经不局限于旅游、酒店、营销、外语、工程技术、财务类的专业人才，更多的是对信息化复合型人才的急需，这就倒逼酒店专业的课程体系进行更新。跨专业合作、跨学科的整合和融合是酒店复合型人才培养的有效途径。四是营销模式迅速迭代。疫情暴发了自媒体、短视频、直播、带货、社群私域流量为传播的主流营销模式，行业中以及准备进入行业的新老酒店人，我们该如何定位自己的酒店生涯，从何处着手提升自己，用何种方式营销企业，将成为酒店运营管理中的难点和节点。

符继红：在酒店业遭受重大打击，业绩出现重大下滑，消费者行为发生重大变化，酒店面临的发展环境更加复杂的背景下，酒店行业的从业者需要如何应对呢?

杨红波：目前来看，许多大型（酒店）集团仍然用基本工资形式维持稳定，部分酒店趁此期间停业装修，部分进行员工的素质提升培训，还有些酒店利用直播带货等方式预售产品，积极采取多种方式等待全面的复工复产。在各级政府相继出台的各项补贴、支持及刺激消费政策的助力下，酒店业正缓慢进入“回暖期”。

酒店业在旅游产业中处于核心位置，我们需要关注的是旅游市场何时恢复、怎样恢复。不同地域回暖时间不同，业界大多认同以下恢复顺序：从消费领域来看，首先恢复的是餐饮行业，其次是景区、公园、展览等，然后是包含住宿的周边游，接下来是长途旅行；从地域上来看，首先是本地消费，如餐饮业堂食的恢复，其次是农家乐、郊区游等，接下来是周边景区城市，最后是境外游；从市场细分上来看，首先是较为刚需的商务散客市场，其次是旅游休闲散客，最后是 MICE 市场。因此，酒店的同仁们应该提前做好产品设计和销售，紧跟市场节奏，打时间差，利用收益管理的杠杆，加速弥补所受的损失。酒店的从业者，尤其是高级管理者要迅速调整经营策略，从以下几个方面探求更多的发展出路。

第一，根据消费者的心理需求、行为习惯和规律，重新审视当前目标市场划分的合理性，做好市场细分。

第二，重视新科技对酒店营销、运营的驱动力，拥抱新科技。

第三，梳理 SOP（标准操作程序）来应对新的趋势和诉求。

第四，酒店产品与服务的社区化催生新营销体系。很多酒店早期就意识到了社区价值的重要性，国外也有很多酒店直接定义自己为“社区酒店”，把酒店的目标客户群体定位于周边社区及居民。在本次疫情期间，酒店业彰显出了“物资＋专业技能”的优势，助力社区抗疫的感人事迹比比皆是。酒店也应该借此机会主动融入社区，创新服务于社区的商业模式。

第五，酒店运营管理与乡村旅游的链接。酒店是一个资源整合和跨界的多维空间，酒店高层应该借势国家“田园＋康养＋文旅”的多种产业政策，从城市走向乡村，开拓更广阔的消费市场。比如说中高端酒店对民宿非常缺乏服务和管理，我们可以进行服务外包；对乡村的农产品我们可以进行从生产、流通到消费线进行重构，未来将大有可为。

总之，酒店业应基于酒店商业模式、产品开发、服务管理、技术革新四大模块提升商业逻辑重构的认识和实践。

符继红：我们可以看到，虽然遭遇到重大的损失，但是，许多酒店集团依然保持乐观的心态采取积极的行为来应对，通过装修、人才培训等手段提升自身的软硬件条件，为疫情结束以后的市场恢复做准备。面对疫情的冲击，酒店从业者可以从产业、服务、技术等方面来重构商业模式，迎合消费者不断变化的需求。那么，我们在进行酒店人才培养方面需要采取哪些措施呢?

杨红波：首先，新时代产业需求侧倒逼高职教育的供给侧改革。从很多数据可以看出，目前第三产业占 GDP 的总值已经超过了 50%。目前要准确研究新时代我国酒店业各产业链对不同种类人才数量与规格的要求。酒店业包含许多业态，必须掌握产业链对不同种类人才数量与规格的需求，这才是破解人才方面供需矛盾的关键环节。因此，要在宏观、中观、微观上进行培养模式、专业建设、课程开发与教学方法的系统性综合改革。

其次，酒店业人才培养具体对策和实践，是“行业 + 教育”共融共生，总结出五个方面：顺时势、强内容、定模式、创方法、调结构。一是顺时势：教育与行业同频共振。加强和企业的研究与合作，关注行业的趋势和发展，及时更新专业内容，高效紧密对接行业，才能发挥我国新时期高等教育的四大功能，即人才培养、科学研究、社会和文化传承创新。二是强内容：完善课程体系。需要加大新消费模式和新业态需求的课程。三是定模式：校企一体化。构建新形势下校企一体化课程开发及教学实践模式。可以利用校企双导师构建课程，加强互动；完善对“共享员工”概念实践的研究，形成资源共享、人才共育、行业共享的良好形态与机制。教育与酒店人力资源在疫情之后更应该心手相连、共生共融。行业不景气，招生就业就会受到影响。我们经常说的“产教融合”，不只是一个好看的招牌，行业和教育及培训部门更应该秉承“育人为本、常年耕作、细水长流”的精神，完善嵌入式的培养机制，真正做到深度合作、长效健康地发展。四是创方法：混合式教学。以在线教育为引领，推广混合式教学，支持短课程开发，建立校企教学团队和明星老师的打造。从教育部的数据可以看到，各类在线教育资源有力支撑了目前“停课不停学”的政策。虽然目前全国掀起了在线教育的热潮，各种行业培训机构、个人都纷纷开启线上培训课程，但我们应该清醒的是，教与学是具有一定规律和体系、讲究科学方法的。同时，在“在线教育”背景下，企业培训师或职业教师的角色将会发生巨大转变，这是行业人力资源和院校专业教师应该迅速转变的人才培养观。五是调结构：提早专业布局，适应行业趋势与发展。院校要适应行业的发展，尽早培育新业态急需的人才。例如，根据社会经济发展状况和云南省关于建设健康生活目的地的战略部署，我们重新定位了全国高职院校《休闲服务与管理》的专业方向，与时代和战略发展同步。同时在“十四五”专业建设规划中提早布局，调整专业结构和人才培养模式。这些措施都是基于行业与教育的共融共生，都需要深入研究、迅速应变，院校期待与行业有识之士共进退。

总之，疫情给我们带来了诸多的反思，我总结一句话，与大家共勉：敬畏生命，是我们做人做事的基本原则；永葆品质，是各行各业的立足之本；拥抱技术，与社会变迁和时代同频；传递幸福，是我们酒店人永恒的追求！

符继红：谢谢，非常感谢杨院长激扬慷慨的总结，从中，我们也可以看出，杨院长对酒店行业的热爱以及对酒店行业人才培养的用心付出。酒店是旅游的重要支撑行业，与之相对应，导游是旅游从业者中最不可或缺的部分，不仅仅承担着为游客提供向导、导览的作用，更是一个地方文化的传递者。2020 年 1 月 24 日，文化和旅游部办公厅下发《关于全力做好新型冠状病毒感染的肺炎疫情防控工作暂停旅游企业经营活动的紧急通知》，要求全国旅行社及在线旅游企业暂停经营团队旅游及“机票 + 酒店”产品，旅游团队活动戛然而止，全省导游无团可带，处于“失业”状态。我们今天非常有幸邀请到云南省导游协会会长、并且长期奋战在导游队伍一线的高级导游杨洁卿，请她先为我们谈谈在疫情发生以后，导游们所面临的变化和压力有哪些？

杨洁卿：谢谢主持人。2020 年刚开年，各大旅行社都在摩拳擦掌准备为春节黄金周撸起袖子大干一场的时候，一场突如其来的“黑天鹅”事件就这么高调地席卷全了中国。随着“新冠病毒”的肆虐，也为了响应国家号召，全国人民都宅在家躲避疫情，为国家做贡献。一场原本皆大欢喜的黄金周也随之泡汤，旅游行业成为最先失业的人群之一，随之而来的是旅行社要面临的大规模的“退改潮”，各地旅游企业在这个寒冷的冬季，都咬紧牙关，履行着各自的承诺，积极为游客办理“退改”业务。而首当其冲失业的却是旅游行业冲在第一线的导游，他们瞬间从天天在外跑，变身“宅家之神”，每天的导游线路从各大景区转换到家中。据昆明市导游协会在云南导游群体中做的问卷调查显示，目前 80% 的持证导游（含常年不带团的持证导游）都处于暂时失业状态，可是针对目前全国疫情的发展现状，如十几年前我也经历过的“非典”一样，预计至少对旅游业的影响也不会低于五到八个月。此时导游面临的是巨大的经济压力、生活压力。

符继红：全国旅游停摆，几乎全部的导游处于半失业状态，无团可带，那么，大部分导游是否已经转行？

杨洁卿：随着疫情的不断蔓延，就算国内疫情控制得非常不错，但是大量的外国输入病例让我们国内旅游依然无法正常开展，出境游就更不可能了。此种情况下一部分失业导游、领队摇身一变在微信上成为代购微商，有的在抖音开直播卖货、有的导游可能就是在家虚度光阴，还有一小部分导游已经开始暂时转行。只有很少的一部分导游参加协会的直播授课活动，积极参与听课，以期可以通过学习提升自己。因为生活压力的影响，对于代购微商的行为我们不做评说，也无可厚非，但从这次疫情让我们再次看清旅游业自身的脆弱性，以及这种脆弱性给导游从业人员所带来的一种实实在在的危机感和一种不信任感。

文化和旅游部在疫情期间下发通知，要求各地文旅部门在疫情防控期间强化保护导游的劳动权益，为旅游业恢复发展蓄力储能，其中提到支持行业组织、旅行社运用平台开展免费培训。所以我在这里也呼吁：云南省导游协会在此抗疫关键时刻，希望各位导游不要怨天尤人，也不要终日郁郁寡欢，与其怨天尤人、与其让自己在家虚度光阴，不如利用好这个空白期，努力提升自己，积极参加培训通道，关注导游公益直播课程，好好利用线上培训的方式来给自己曾经忙碌的过去进行“充电”。

我想机会永远是留给有准备的人，等到疫情过去，春暖花开之时，“腹有诗书气自华”的导游，也许就是那个游客眼中最有魅力、最有文化的导游。

符继红： 是的，机会永远是留给有准备的人，危机，危机，危中有机，我相信这场由新冠肺炎疫情而引发的旅游业发展危机之中必然有着新的发展机会。旅游行业虽然是脆弱的，但是，只要社会经济保持稳定的发展态势，旅游行业一定会迎来更好的发展局面。我还特别想了解，普通导游面对新冠肺炎疫情所带来的职业危机，应该如何采取行动，从而转危为机呢？

杨洁卿： 在疫情期间，一些实力较弱的旅游企业或将陷入运营困境，旅游相关企业关停和并购会增加，全球旅游企业或将面临重组与洗牌。但是，与此同时，疫情后旅游企业间的竞争也将加剧。为了吸引更多消费者，旅游业将会推出更多具有创新性和吸引力的产品，那么，导游员也需要依据这些变化转变自己的能力和提高执业水平，所以提高自己的素养势在必行。以我自己为例，从 2017 年起，我自己创办了“导游眼中的云南省博物馆”义务讲解系列活动，到今天为止共举办 19 场，听众超过 3000 人。这个活动的开展源于自己在各地参观博物馆，经常会出现缺少或者没有讲解员的情况。逛博物馆这类文化底蕴深厚的地方，如果没有讲解员，就相当于看热闹，会有遗憾留下，如果有一个非常会讲故事的讲解员带着你，那么每看一个博物馆，你就会对一个地方的文化及习俗有更全面的了解，对一个地方的感受和认知就更加深刻。因此，开展义务讲解的目的只是想用自己的通俗语言，结合博物馆专业讲解惠及更多的普通游客，以弥补博物馆在讲解方面的欠缺带给参观者的遗憾。导游员服务的受众不仅限于参加团队的游客，我致力于把博物馆义务讲解的受众面普及的更广一些。很多人说我转型好，很羡慕我，其实没有谁的成功是偶然的，在我从一线导游转做管理再进入院校的这十五年，如同我当年带团在一线一样，我养成了每天一定要把第二天去的路线所有的讲解词复习一遍的习惯，现在则是养成了广泛涉猎阅读的习惯，博闻强记，最怕自己在课堂上讲到词穷。

我把自己的一线带团经验和导游比赛经验带到了院校、带到了平时导游培训工作中来，现在又把讲解的实战经验带到博物馆、展览馆、文化墙的讲解工作中来，不仅助力旅游企业和各级博物馆，也开始助力云南民族宗教事业的讲解工作中，我想“学以致用”就是拓宽我们职业生涯的一个案例。我想这都和曾经做过导游的经历是分不开的。

我认为，其实我们有很多榜样可以学习，不要认为导游不能干一辈子，要看你是否真心热爱这项工作。比如，王连义先生，我国著名的旅游界总教头，一直工作在国旅总社，他老人家就是最好的例子。我国也有很多五六十岁都在工作的特级导游、高级导游，随着游客文化层次的不断提高，对文化的需求越来越高，导游讲解的内容也由粗浅向深广在变化。在国外，带团和做博物馆讲解最好的不是年轻人而是中老年人，他们的博学、经历、为人处事总能把握得非常到位，能够满足游客对文化的各种需求。

这里给大家一个数据，目前，云南省全省共有 19700 名注册导游，但只有 81 位高级导游，585 位中级导游。所以晋升空间还是非常大的。

有想法、有理想的导游此时应该是在攒足劲、摩拳擦掌、博览群书、学习积累，准备迎接疫情的结束。我看到成都的金牌导游们在疫情期间依然在线上带着游客游览春天明媚的四川风光，在没有游客的景区安安静静地给您讲解那里的风光、人文、典故。不论你是游客还是同行，这样的直播节目让你以不同的角色、不同的心情来体验和感悟。江西省的导游则在线上分享红色旅游景区讲解的核心要素、陕西导游则是忙着整理各种史学知识，分门别类地开展线上课程……

此时，把以前没有时间看完的书捡起来继续看完，把没时间看的文化类综艺节目当成课堂听起来（比如诗词大会、地名大会），暂且不论节目质量，只说里面的题库你能做出来多少，就可以知道自己有多少知识储备。即使是碎片化的知识点，但也比没有知识积累要好得多。我知道有个别好学的导游、准导游就是用笔记本把每一期节目的题库全部记录下来，作为自己的百科全书进行整理收集，不清楚来龙去脉的就自己查阅资料，以期达到知识点的完整掌握。

符继红：是的，作为一个导游要拥有丰富且全面的知识，您刚刚提到您自己所做的博物馆义务讲解活动，我之前也了解过，做得非常棒，另外，您刚刚也提到，要做文化型导游，满足游客对文化的各种需求，我想这个在文旅融合的背景下十分重要且具有特殊的意义，那么，如何能够成为一个文化型的导游呢？

杨洁卿：第一，我认为文化型的导游永远不会下岗，我们很多高级导游、特级导游其实就是文化的代言人，是文化传播的主力军。未来的旅行社业务会越来越趋向"文化"，现在，我们有很多 App、语音讲解器可以代替人工讲解，游客可以自助下单购买房、餐、车、机票、景点门票。说实在的，很多时候其实都不用导游服务，在 App 上就可以直接下载讲解，一部手机就可以解决，这个时候就很尴尬，许多人认为导游的位置被替代了。可是我认为，游客应该也不想随时和冷冰冰的机器打交道，他们需要更具人情味的讲解服务，更多的人文关怀。所以对于导游的要求，游客更需要懂得把书本的历史知识、人文典故综合筛选以后娓娓道来进行讲解的有温情的导游，而不是冰冷的机器语音。我国现在很多高级导游都术业有专攻，如有专攻清史的清东陵的高级导游、我国第一位走进《百家讲坛》的导游——赵英健老师，清东陵申遗成功与赵老师的倾情讲解是分不开的；有专攻佛学研究的，来自山东聊城的王蓉晖老师；有讲红色旅游景区非常棒的全国优秀导游，来自山西的揭震昆老师。他们在一线是受游客尊敬的好导游，是腹有诗书气自华的大咖级导游，是服务意识特别强的专业导游；在课堂上他们摇身一变又可以成为令人尊敬的教师，是能"传道授业解惑"的导师级人物。你要问我他们的职业规划是什么？我想，他们的职业规划就是先做好自己的知识积累，从而成为文化型导游。忙时是一线导游，闲时就是各类课堂的老师。

第二，要"用心、用情、用力"，用专业的服务赢得游客的信任。通过具有人文关怀的服务，将游客视为自己的亲人，通过"用心、用情、用力"的讲解服务、生活服务打动游客，与游客保持长期联系，从而使游客成为自己旅行社的长期优质客户。其实现在很多旅行社的长期稳固客户，其维护有一部分是靠导游，一名好导游可以维系一个稳定的客户群体，为旅行社的客户资源做好销售工作。全陪导游、领队的一个细微服务，就可以让游客对你死心塌地。比如，十三年前，我的韩国专列团客人在与我去韩国的十天行程中，我对一位突生眼疾的游客全程无微不至地关怀，根据以往带团经验，我们用绿茶熏蒸法治好了客人的急性眼底出血，避免了游客到韩国大医院就诊将花费高昂的就医费用。因为懂得宗教知识，所以对于团队中的几位穆斯林客人，采取特别照顾原则，避免了饮食上的禁忌可能引发的冲突事件，也因为对境外邪教组织的基本了解，阻止了邪教组织上车骚扰游客的恶性事件，能够大胆工作而不会畏首畏尾。还有杭州领队蔡纬纬，用自己丰富的专业知识，及时辨别出当日海水的异样，果断带领游客向泰国普吉岛上最高点转移，最终26名游客一个都没有少，成功躲过了那场世纪海啸灾难。我想那不是运气，那是她多年工作的经验，是她多方吸收各种知识的积累。

第三，要修身养性，厚积薄发。很多导游，特别是云南仍然有一部分导游还停留在原地，疫情之前的带团模式也许不再适合以后的市场。据调查，一部分导游认为疫情之后市场会有很大变化，游客出门旅游的心态和形式会有所改变，事物是在不断变化的，所以我们导游此时也应该在原来基础上用心分析并采取积极的态度来应对。比如，团队游模式是否会由大散拼变换为小包团，以避免和异地游客的接触以减少交叉传染，这意味着独立精品小团会越来越多，导游讲解的内容与方式就需要做很大的调整。再有，以购物为铺垫的讲解是否还能继续？我们的讲解是不是应该回归讲解的本质？服务是不是应该从心出发，以人为本？所以，我希望更多的导游应该从自己的讲解出发，扪心自问我的讲解有没有发自内心真诚地服务游客。我们希望讲解更接地气、更具人情味。俗话说，导游是杂家、导游是演说家、导游是上知天文下知地理中知人文的大百科全书，如果没有静下心来认真阅读、写作与学习，那么一切都是空谈。刚才说的小包团就会出现一个问题，导游做主导的讲解模式也许就会转变为与游客聊天、一问一答的模式。这就需要导游有充实的知识储备才能应对越来越高素质的游客。还有刚才王会长说的研学指导员的缺口，既要懂旅游又要懂研学的导游。那么是不是我们的导游可以有针对性地进行学习、参加文化和旅游部门组织的相应的培训班，全方位地提升自己。

第四，把握时机才能赢得先机。机会永远是留给有准备的人，我们要善于从危机困难中捕捉和创造机遇。所以在此我有三条建议：（1）考虑报考导游等级证书的，利用这个时段打开资料开始复习，来年参加中级或者高级导游考试，毕竟这也是导游职称里面最具含金量的证书，有人说："证书没用"，我只想说，当证书有用的时候而你刚好没有，不怪别人，因为是你自己亲自把机会葬送的；（2）拥有广泛的阅读层面，只要和旅游相关的历史、地理、宗教、文化、美学、诗词等知识都可以深入钻研；（3）广大导游同行们，利用这次云南省导游协会、昆明市导游协会、文化和旅游部金牌导游工作室、导游大师工作室联合推出的“导游公益免费直播”，抓住这个难得的学习机会，找准自己要突破的口，积极与授课的导游讲师互动。

相信以前讲解的短板一定会在疫情过后成为你的讲解特色，拓宽导游们讲解的范围，真正做到以“讲”为基础，以“游”为核心的旅游模式，无愧于自己的专业，也无愧于自己的付出，成为践行旅游行业核心价值观的中国好导游。

最后，让我们一起重温一遍旅游行业的核心价值观——“游客为本、服务至诚”。

符继红： 再一次感谢杨会长，从她的讲述中，我们可以感受到一个导游从业者的专业水准，“游客为本、服务至诚”也是我们云南旅游高质量发展的关键所在。像杨会长这样拥有高素质的文化型导游越多，云南的旅游一定会越好。人才，尤其是高素质人才是旅游发展的关键，刚才，王董事长结合消费行为变化谈了旅游人才要如何应对疫情，杨院长和杨会长又分别从酒店行业以及导游从业者两个方面谈了相关人才的成长和培养，不管是哪个行业，也不管是哪一类的旅游从业者，都需要高素质的旅游人才，接下来我们请来自昆明假日国际旅行社有限公司总经理王兵来为我们谈谈高素质人才的相关问题。

王　兵： 谢谢主持人，我们必须要明确高素质的人才是重振旅游发展，改变旅游格局的关键。云南是旅游大省，改革开放数十年，云南的旅游业在不断的发展中培育了一大批骨干旅游企业和高素质的精英人才，他们是云南旅游发展的脊梁，是云南土生土长、扎根云南旅游不可多得的人才，他们对疫后云南旅游的恢复发展起着重要作用。为了进一步发挥高素质人才的作用，需要从以下几方面着手：（1）要完善初级、中级、高级的旅游人才教育及培训体系，确保旅游产业发展的人才需求和供给；（2）要健全文化和旅游管理机构和制度保障体系；（3）要构建门类齐全、结构合理、融合发展的大旅游产业格局，全方位提供吃、住、行、游、购、娱等服务。

符继红：王经理，新冠肺炎疫情给云南旅游带来重创，并且推进了云南旅游的转型升级，在这个过程中，关于高素质人才的培养方面有什么建议吗？

王　兵：新冠肺炎疫情背景下，思维、行为和业态的改变是产业发展过程中的客观变化，产业格局的调整、变化必将要按照规律有序运行，那么谁能去引领把握呢？那就需要一批懂旅游、有思想、有责任、有担当、有远见、有觉悟的高素质的旅游精英人才。在我看来，可以从以下几方面着手：（1）充分发挥管理部门、院校、旅游专家、旅游企业人才的专业优势，为政府提供旅游发展的意见和建议；（2）对那些在抗击新冠肺炎疫情中，始终坚守在一线、应对措施得力、旅游复工复产中起到创新引领作用并且做出成绩的企业和人才给予表彰；（3）大力引进、挖掘、培养、使用高素质的旅游人才，让云南旅游重振雄风，展现云南旅游新面貌、新格局。

符继红：谢谢各位嘉宾的精彩分享。各位专家聚焦新冠肺炎疫情后旅游从业者的成长和旅游人才的培养各抒己见，由于时间的关系，我们本次沙龙讨论就到这里了。非常感谢各位专家的分享，也谢谢各位听众的参与。旅游人才是旅游产业发展的关键，更是疫后旅游市场复苏及高质量发展的重要推动力，让我们共同关注、也共同致力于旅游人才的成长和培养。谢谢大家。

云南省森林康养产业发展思路与对策研究

林光辉 李永和
（云南林业职业技术学院）

摘 要：森林康养在我国起步晚，但机遇好、前景广阔。云南省发展森林康养产业恰逢其时，也是打造健康生活目的地的重要支撑。从需求侧和供给侧看，云南省发展森林康养产业符合时代要求，具有较好基础。为此，本文提出发展思路，从加强顶层设计、完善产业体系、建立市场机制、推出金融政策、加强科技支撑、营造环境氛围六个方面提出产业发展建议。

关键词：云南森林康养产业；对策

一、云南省森林康养产业发展背景

森林康养，又称“森林疗养”或“森林医疗”，它起源于19世纪40年代的德国，流行于欧美及亚洲的日、韩等发达国家，其中德国的森林医疗、美国的森林保健和日本的森林浴项目等较具特色。经国外实践表明，森林康养活动对国民健康指数具有显著的提升效应。

我国森林康养起步晚，相关理论研究和产业实践始于2012年，但机遇好、前景广阔。党的十八大以来，以习近平同志为核心的党中央始终把人民健康和生命安全摆在经济社会发展的首要位置，党的十八届五中全会明确提出推进健康中国建设，2016年，中共中央、国务院印发了《“健康中国2030”规划纲要》。森林康养产业是我国大健康产业的新模式、新业态，是经济社会发展新的增长点，对于扩大内需、促进就业和提高人民健康水平意义重大。湖南、四川、贵州、陕西等省率先关注森林康养这一新业态，并由地方政府主导开展规划编制、平台搭建和基地试点工作。2015年，由国家林业局行业部门指导、行业协会主导的全国森林康养基地试点建设工作拉开帷幕。2019 年，国家林业和草原局、民政部、国家卫生健康委员会、国家中医药管理局联合印发了《关于促进森林康养产业发展的意见》，形成了多行业、多部门联动机制。

云南省根据习近平总书记考察云南重要讲话精神和自身资源优势，提出了经济发展“八大重点产业”和“三张牌”的新构想，其中打造“健康生活目的地”是云南契合国家战略和地方优势的必然选择。云南省森林康养产业是健康生活目的地的重要支撑，云南省林业和草原局印发的《关于促进林草产业高质量发展的实施意见》提出，“要加强与文化旅游等部门合作”“积极探索森林康养与医疗、教育等产业的融合模式”，并打造新业态、新产品促进接待规模、经济效益显著增长等（表 1）。

表 1　“十三五”期间森林康养产业发展相关政策文件统计表

序号	政策文件	管理部门	相关内容
1	《“健康中国 2030”规划纲要》(〔2016〕32 号）	国务院	积极促进健康与养老、旅游、互联网、健身休闲、食品的融合，催生健康新产业、新业态、新模式。制定健康医疗旅游行业标准、规范，打造具有国际竞争力的健康医疗旅游目的地
2	《林业发展“十三五”规划》（林规发〔2016〕60 号）	国家林业局	构建以森林公园为主体，湿地公园、自然保护区、沙漠公园、森林人家等相结合的森林旅游休闲体系，大力发展森林康养和养老产业。到 2020 年，森林康养和养老基地 500 处，森林康养国际合作示范基地 5~10 个
3	《中国生态文化发展纲要（2016—2020 年）》（林规发〔2016〕44 号）	国家林业局	以国家级森林公园为重点，建设 200 处生态文明教育示范基地、森林体验基地、森林养生基地和自然课堂。推进多种类型、各具特色的森林公园、湿地公园、沙漠公园、美丽乡村和民族生态文化原生地等生态旅游业，健康疗养、假日休闲等生态服务业
4	《国务院办公厅关于完善集体林权制度的意见》（国办发〔2016〕83 号）	国务院	大力发展新技术新材料、森林生物质能源、森林生物制药、森林新资源开发利用、森林旅游休闲康养等绿色新兴产业
5	《国家林业局办公室关于开展森林特色小镇建设试点工作的通知》（办场字〔2017〕110 号）	国家林业局	建设水、电、路、讯、生态环境监测等基础设施和森林步道等相应的观光游览、休闲养生服务设施，为开展游憩、度假、疗养、保健、养老等休闲养生服务提供保障。充分发掘利用当地的自然景观、森林环境、休闲养生等资源，积极引入森林康养、休闲养生产业发展先进理念和模式，大力探索培育发展森林观光游览、休闲养生新业态，拓展国有林场和国有林区发展空间

续表

序号	政策文件	管理部门	相关内容
6	《关于大力推进森林体验和森林养生发展的通知》（林场发〔2016〕3号）	国家林业局	要在开展一般性休闲游憩活动的同时，为人们提供各有侧重的森林养生服务，特别是要结合中老年人的多样化养生需求，构建集吃、住、行、游、娱和文化、体育、保健、医疗等于一体的森林养生体系，使良好的森林生态环境真正成为人们的养生天堂。要加强森林体验（馆）中心、森林养生（馆）中心、森林浴场、解说步道、健身步道等基础设施建设，完善相关配套设施
7	《关于启动全国森林体验基地和全国森林养生基地建设试点的通知》（林园旅字〔2016〕17号）	国家林业局	把发展森林体验和森林养生作为森林旅游行业管理的重要内容，要结合各地实际，统筹谋划，积极推进，以抓好、抓实森林体验和森林养生基地建设为切入口，充分汲取国内外相关领域的发展理念和成功经验，努力提高建设档次和服务水平，不断满足大众对森林体验和森林养生的多样化需求
8	《国家林业和草原局关于促进林草产业高质量发展的指导意见》（林改发〔2019〕14号）	国家林业和草原局	积极发展森林康养。编制实施森林康养产业发展规划，以满足多层次市场需求为导向，科学利用森林生态环境、景观资源、食品药材和文化资源，大力兴办保健养生、康复疗养、健康养老等森林康养服务。建设森林浴场、森林氧吧、森林康复中心、森林疗养场馆、康养步道、导引系统等服务设施。加强林药材种植培育、森林食品和药材保健疗养功能研发。推动实施森林康养基地质量评定标准，创建国家森林康养基地
9	《关于促进森林康养产业发展的意见》（林改发〔2019〕20号）	国家林业和草原局、民政部、国家卫生健康委员会、国家中医药管理局	培育一批功能显著、设施齐备、特色突出、服务优良的森林康养基地，构建产品丰富、标准完善、管理有序、融合发展的森林康养服务体系。到2022年，建设国家森林康养基地300处，建立森林康养骨干人才队伍。到2035年，建设国家森林康养基地1200处，建立一支高素质的森林康养专业人才队伍。到2050年，森林康养服务体系更加健全，森林康养理念深入人心，人民群众享有更加充分的森林康养服务
10	《云南省林业和草原局关于促进林草产业高质量发展的实施意见》（云林改产〔2019〕3号）	云南省林业和草原局	到2025年，森林的非木质资源利用全面加强和优化，林草旅游、森林康养和休闲产业接待规模每年达3亿人次。 积极发展森林康养。加强与有关部门的沟通和协调，充分发挥云南独特多样的森林康养资源优势，规划和科学利用森林生态环境、景观资源、食品药材和文化资源，积极探索森林康养与医疗、教育等产业的融合模式，大力兴办保健养生、康复疗养、健康养老等森林康养服务等

二、云南省森林康养产业发展的现实基础

（一）从需求侧看

1. 疫后经济复苏的迫切需要

突如其来的新冠肺炎疫情给中国乃至世界经济造成严重创伤，全球经济进入下滑通道。中国正值全面建成小康社会、实现第一个百年奋斗目标的关键之年，疫后经济下行压力巨大，传统产业升级、新兴产业崛起势在必行。据测算，2020 年养生旅游市场规模将在 1000 亿元左右。未来 5 年，养生旅游年复合增长率有望达到 20%。森林康养产业为云南省新兴优势特色产业，资源基础好、发展空间大，急需培养成为云南经济新的增长点。

2. 疫后人们追求健康的现实需要

新冠肺炎疫情发生后，人们比以往更加关注个人和家庭成员的健康。适度的锻炼、合理的膳食、愉悦的心情对提高免疫力至关重要，这一理念基本成为全民共识。恰当的森林康养活动不仅能治疗或辅助治疗某些“已病”，更能防范“未病”，不仅对部分生理疾病具有一定疗效，同样对一些心理疾病治疗具有较好的辅助作用，如“园艺疗法”已广泛开展应用研究和临床试验。

3. 助力山区后脱贫攻坚时期的需要

2020 年是我国打赢脱贫攻坚战的决胜之年，云南省 88 个贫困县、8502 个贫困村即将实现全面脱贫，后脱贫时期巩固脱贫成果依然任务艰巨，仍需因地制宜不断寻找新的产业支撑。云南林地面积占国土面积的 73.5%，决定了多数贫困人口与森林环境的密不可分。森林康养产业的发展，将能够有效带动贫困地区群众就业、创业，使其融入产业链相关环节，为脱贫攻坚、乡村振兴注入新的活力。

（二）从供给侧看

1. 云南森林康养资源禀赋条件好

据云南省林业和草原局《云南省 2019 年森林资源主要指标监测报告》显示，2019 年云南省林地面积 4.23 亿亩，占全省面积的 73.5%，位居全国第 2 位；

森林面积3.59亿亩、占全国的11%，位居全国第2位；森林蓄积量20.2亿立方米、占全国的12%，位居全国第2位；森林覆盖率62.4%，是全国平均水平的2.7倍。全省有各级自然保护区164个、风景名胜区66个、森林公园58个。具备四季如春型、夏季避暑型和冬季避寒型3类适宜健康生活、旅居的气候类型，覆盖云南省大部分地区。据云南省卫健委官方网站2019年相关数据显示，云南有中药资源6559种，品种和数量均居全国之首。云南民族医药文化源远流长，形成了以傣、彝、藏医药为主，苗、壮、白、纳西、佤等民族医药并存的云南民族医药体系。以上条件均为云南森林康养产业发展提供了资源基础。

2. 全省交通基础设施大为改善

"十三五"期间，云南持续推进路网、航空网建设，旅游交通运载能力、服务水平均大幅提升，为全域旅游奠定了基础。公路方面，云南省实施县域高速公路"能通全通"工程，计划到2020年年末，除福贡等4县外全省125个县（市、区）能实现通高速。截至2019年，全省165个高速公路服务区完成改造提升，26处服务区被评为"全国百佳示范服务区"或"全国优秀服务区"。铁路方面，云南准轨、米轨、寸轨三轨并存、快慢皆宜，"八出省、五出境"铁路大通道部分线路已通车运行，昆曲、昆大丽等一批城际高铁建成或在建，滇越铁路百年米轨改造提升焕发新生机。民航方面，现已形成以昆明长水国际机场为核心、其他14个干支线机场为支撑的机场网络体系，另有10个机场规划建设。水路方面，澜沧江至湄公河、金沙江至长江、右江至珠江、红河及中缅伊洛瓦底江陆水联运出省、出境水运通道加快建设。

3. 森林康养接待能力显著增强

"十三五"期间，云南省申报建立了一批各级各类的"康养"基地。其中，由国家林业和草原局、民政部、国家卫生健康委、国家中医药局四部门相关司联合评选的森林康养基地（第一批），云南有3个县级单位、2个经营主体。2015—2019年，由林业产业联合会评选的森林康养基地试点，云南累计有试点建设市1个（普洱市）、试点县市区5个、试点乡镇3个、试点经营主体40个。此外，森林康养活动仍需依托旅游整体接待条件，云南现有一大批国家级旅游度假区、省级旅游度假区等旅游接待综合体。伴随旅游精准扶贫，规划建设了一批民族特色乡村民宿，许多能直接服务于森林康养产业。

三、云南省森林康养产业发展的问题分析

森林康养产业在全国尚属新兴产业，在云南省尚处于“大资源小产业”的起步阶段。主要存在以下几个问题：一是缺乏顶层设计，森林康养产业尚未引起云南省委省政府及相关部门的足够重视，缺乏统筹协调机制，缺乏整体规划；二是产业体系缺乏研究，产业层次不完整，产业链不完善，上下游衔接不畅；三是市场机制尚未建立，尤其是进出机制和行业标准等；四是产业政策和激励机制有待出台，市场潜力尚未激活；五是科技支撑严重不足，无论是森林康养基础研究，还是应用研究，都缺乏有效数据支撑和定量分析；六是公众对森林康养认知不足，需要营造良好的整体环境氛围。

四、云南省森林康养产业发展的思路和对策

（一）发展思路

云南省森林康养产业应服务于健康中国战略，纳入云南省健康生活目的地打造体系，通过发掘得天独厚的气候资源、森林资源和民族医药优势，统一领导、统筹规划、合理布局，围绕“养眼”“养身”“养心”开发具有云南特色的产品体系，加大在科技、人才、金融方面的投入力度，研究和制定市场保障机制，加强宣传推广力度。

（二）云南省森林康养产业发展对策研究

1. 加强顶层设计

（1）统一领导、形成合力。

森林康养产业作为大健康产业的重要组成部分，应纳入云南省各级政府“健康生活目的地牌”工作领导小组统筹管理，无须再单独设立领导小组，在涉及森林康养产业部分，应建立由林草、文旅、卫健、中医药、体育等行业主管部门组成的协调联席机制，充分发挥重点产业专家组的咨询职能，发挥相关行业协会的服务、监督、自律功能，形成自上而下、行业互助、政民互补的领

导统筹机制。

（2）科学规划、谋篇布局。

科学编制《云南省“十四五”森林康养产业发展规划》，具备条件的州市或县市区也可以编制相应的发展规划，合理规划功能布局和产业分布，确定森林康养产业发展的重点区域和一般区域，设置发展时序，创新开发产品系列等。对重点区域、重点领域、重点产品，可以编制专项规划、实施方案、技术指导文件等。

2. 完善产业体系

建立由核心产业、支撑产业、周边产业共同组成的集研发、生产、加工、服务于一体的森林康养产业体系（图 1）。其中，核心产业是直接面向消费者的服务型产业，体现养眼、养身、养心的功能实现，提供森林观光、森林医药疗养、森林健康饮食、森林康体运动、森林心理疗养、森林康养住宿等产品。支撑产业是实现核心产业的基础，给予必要的物料、科技、信息保障，提供森林药材种植、森林医药加工、森林蔬果种植、森林康养设备生产安装、森林健康家居材料生产、森林健康饮食器具生产、森林康养科技研发、智慧森林康养等产品。周边产业是核心产业的衍生部分，是以森林康养为对象或素材，提供包括森林康养培训、图书制作、影视拍摄、康养小商品制作等文化产品。

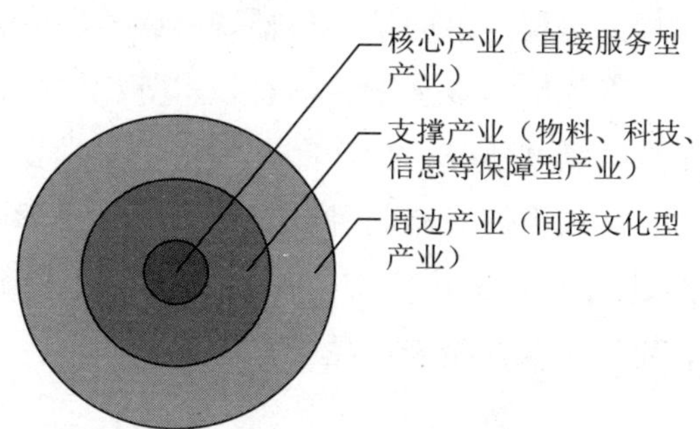

图 1　森林康养产业体系构成

3. 建立市场机制

重点建立森林康养产业市场准入和退出机制，建立相关标准体系。森林康养产业发展必须以生态保护为前提，以资源可持续利用为准绳，追求经济、社会、生态效益的均衡化，以牺牲生态为代价的产业发展模式必须禁止。同时，为促进同业竞争、创新和优胜劣汰，需要对森林康养产业实行分类、分级管理。为此，要建立起一套完善的市场准入和退出机制，提高森林康养产业市场活力。部分森林康养产品涉及医疗健康、饮食健康、运动健康等方面，对这些产品必须建立和完善适合不同人群的标准体系，科学指导、精准施策，切不可盲目康养、随意开发相关产品。

4. 推出金融政策

政府部门可以推出一揽子财政金融刺激政策，鼓励企业、社会资本积极投身森林健康产业。例如，地方政府与国家开发银行、中国农业发展银行、各商业银行等签订战略合作协议，全面支持大健康产业发展；政府设立产业引导基金，带动社会资本投入重大项目建设；建立和引流服务于本产业的投融资平台，并给予相应优惠政策，直接服务于森林康养企业；加强金融市场要素供给，创新政策性、市场性金融产品等；对森林康养新兴产业给予税费减免优惠政策，对经济效益好、社会责任高的企业给予奖励政策。

5. 加大科技支撑

决定森林康养产业未来发展和企业核心竞争力的最终因素仍然是科技，而科技的关键是人才。把握产业发展趋势，根据行业需要，引导教育部门和学校开设相关专业、增加相关课程，纵向培养包括森林康养领域科技研发、生产加工、一线服务，横向培养包括财政金融、信息技术等相关学科、专业的各层次人才。加强森林康养基础领域研究，为产品开发提供科学支撑。例如，目前单一或复合森林生态因子对人类健康有何种针对性影响，科学研究和数据积累仍然严重不足；民族医药为地方文化瑰宝，但缺乏标准化规范，尤其是诊疗规范、药剂规范等，不利于在森林康养产品中推广普及。

6. 营造环境氛围

重点加强生态环境、人文环境和舆论环境的建设。良好的生态环境是森林康养产业健康发展的前提，政府相关部门要科学规划、统筹开发、重点监督、防治结合，避免对环境、资源造成破坏。营造森林康养目的地良好的人文环境，使文明、礼貌、守法、卫生、好客、淳朴等蔚然成风，保持当地民族文化的原生性和完整性，避免过度商业化，使当地浑然一体成为人们精神疗养的向往地。创造良好的舆论环境，利用传统媒介和新媒体，创新营销渠道和营销方式，适时适地吸引和引流公众对森林康养的关注度。

[参考文献]

[1] 邓三龙. 森林康养的理论研究与实践 [J]. 世界林业研究，2016（6）.

[2] 刘拓，何铭涛. 发展森林康养产业是实行供给侧结构性改革的必然结果 [J]. 林业经济，2017（2）.

[3] 孙抱朴. "森林康养" 是我国大健康产业的新业态、新模式 [J]. 商业文化，2015（22）.

我国旅游应急体系优化建议

张美英　李柏文　王永琴
（北京联合大学旅游学院）

摘　要：21 世纪分别产生了三次冠状病毒传染病疫情，旅游业作为以流量求生存的行业，研究旅游疫情应急管理及其存在的问题成为必要。本文运用生命周期理论，将旅游疫情应急管理分为疫前、疫中、疫后三个阶段，分析了新冠肺炎疫情旅游应急中存在疫前预防不到位，信息共享机制失灵；疫中联防联控局限于区域内；疫后旅游恢复资金支持短缺等问题。最后，针对旅游疫情应急管理三个生命周期中存在的问题提出旅游应急体系优化建议。

关键词：旅游应急；新冠肺炎；生命周期；旅游应急体系优化

世界各国均建立了较为完善的应急管理体系。美国以国土安全部为中心，下分联邦、州、县、市、社区五个层次的应急和响应机构，日本建立了包含应急管理法律体系、良好的应急教育和防灾演练、巨灾风险管理体系以及由消防、警察、自卫队和医疗机构组成的较为严密的灾害救援体系等为内容的综合性防灾减灾对策机制，澳大利亚设立了一套联邦政府层面、州和地区政府、社区三级政府应急管理体系[1]。目前，我国建立了“国家—省—市—县”四级应急管理组织体制，并在 2018 年成立了应急管理部负责编制国家总体应急预案和规划全国应急救援工作[2]。除国家层面应急体系的建设外，各行业往往需要构建相应的行业应急体系。旅游业已成为国民经济新的增长点，但由于行业的脆弱性，易受突发事件的影响，面对新冠肺炎疫情，研究旅游业的应急反应以及如何尽快恢复疫后旅游生产成为旅游行业的重大责任与使命。

一、我国旅游应急体系及其法制保障

（一）我国旅游应急体系

相较于其他行业，旅游业的防疫体系在整个社会防疫系统中占有重要地位，并发挥着重要的平台价值和协同价值。在旅游应急预案体系实际建设中，文化和旅游行业形成了“纵向到底、横向到边”的旅游应急预案体系、较完善的旅游应急救援设施设备，以及对预案的应急响应机制与演练制度。特别是经过 2003 年 SARS 的洗礼，旅游行业已经具备了较好的应急能力和素质。在 2020 年的新冠肺炎防疫中，国家和地方政府以及旅游主管部门等行政主体纷纷出台通知，赶在疫情肆虐之前，主动降低或阻断了游客流量；文化和旅游部门在 2020 年 1 月 24 日前后就纷纷关闭了文化馆、图书馆、博物馆、美术馆、纪念馆等的经营活动，对疫情的重视和响应速度较快，杜绝了文旅场所客群聚集的可能；旅行社在 1 月 23 日左右一律取消团队旅游活动，并采取了无理由退票，尽量降低游客损失。此外，由于旅游业的综合性和平台型的产业，在此次抗击疫情中旅游业的平台作用充分显现，扩大了对疫情的宣传力度，提升了对防疫物资采购的能力和力度。

旅游行业综合性强，要求旅游业必须建立起联防联控机制，在旅游业中建立常态化的疫情预防机制，可以做到“早发现、早隔离、早治疗”，防止疫情扩大，减少社会经济损失。据研究，文旅厅（局）、公安厅（局）、卫健委、交通委（厅）、安监局这 5 个组织间的合作关系最为密切[3]，但也存在跨区域联防联控难度大，旅游业与医院未建立信息共享机制的问题。

（二）旅游应急法制保障

在旅游应急预案编制和法制建设方面，我国旅游应急管理法律体系业逐步完善。2005 年，国家旅游局出台了《国家旅游局旅游旅游突发事件应急预案》，各省市的旅行社、旅游景区等旅游相关行业也根据实际情况，纷纷制定了旅游应急预案。比如，云南省制定了《云南省重（特）大旅游安全事故应急反应预案》。随后，《中华人民共和国旅游法》《旅游安全管理办法》等的颁布与实施加强了旅游安全管理和应对旅游突发事件的能力。

二、旅游应急体系在新冠肺炎疫情中的应急反应

2020年新冠肺炎疫情防疫中旅游行业表现出较好的应急能力和素质，旅游行业保持了应有的镇定和良好的秩序。各方的努力及时降低或阻断了游客流量，总体上遏制了病毒在游客群体中的大面积传播，全国几乎没有出现游客聚集性传播事件，为我国抗疫战争做出了重要的贡献。

（一）疫情防控应急反应

1. 旅游行政主体应急反应

文化和旅游部第一时间印发了《关于做好新型冠状病毒感染的肺炎疫情防控工作的通知》，要求各级文化和旅游主管部门成立应急指挥领导小组，做好当地疫情防控工作。2020年1月24日，江苏省、广东省、北京市等省市区县政府或文化和旅游主管部门相继做出反应，先后暂停地方旅行社及在线旅游企业经营团队的旅游活动及“机票＋酒店”旅游产品，对已经出团的游客进行健康状况的实时监测，并出台了关于取消大型活动、游园以及景区、博物馆、图书馆、艺术馆等公共场所闭园闭馆的措施。此外，涉及旅游行业的国家发改委、交通部、中国铁路总公司、税务等相关部门，也纷纷出台相关措施和办法，航空、铁路等部门及时采取无理由退票制度，并根据疫情适时延长退票时间。

2. 旅游企业主体应急反应

中国旅游集团、携程、中青旅、去哪儿网等旅游企业在1月23日左右一律取消团队旅游活动，并较早和主动推出了本企业的退订、退费、延期等举措。一些旅游宾馆集中定点安置湖北滞留游客或旅客，既防疫也声援了处在抗疫一线的湖北人民，营造了全国同舟共济的心理环境。在抗击疫情中，旅游业的平台作用充分显现，尤其发挥了海外防疫物资采购的能力和作用。比如，中国旅游集团旅行服务公司协调调度公司海内外应急资源，竭力做好疫情防控期间的物资保障[4]，河南康辉国际旅行社导游从越南带回1.5万个口罩捐给郑

州一线抗“疫”工作者[5]。

3. 旅游非政府组织应急反应

一些非政府非营利的旅游行业组织积极响应国家号召，以高度的责任意识，参与到了旅游防疫中。中国旅游协会、中国旅行社协会、中国旅游饭店协会、中国旅游景区协会，以及广东省旅游协会、湖南省旅游饭店业协会等一些地方的行业协会，纷纷号召所属会员企业积极做好经营场所的清场、清洁卫生、消毒防疫等工作，遏制疫情蔓延。

（二）行业运行保障与行业自救

1. 政府对行业的保护与救助

为尽量减少疫情对旅游业运行与发展的冲击和伤害，确保旅游经济安全和可持续发展，文化和旅游部出台暂退旅行社 80% 旅游服务质量保证金的政策。各省市因时因地采取了相关措施，主要集中在退还旅游质量保证金、税费减免、中微小企业房租减免、加强财政税收支持、加大金融信贷支持力度等方面，其中北京市和上海市退还 100% 的旅游服务质量保证金，北京市还将应缴社会保险费征收期延长至 7 月底，重庆市减轻企业用电用气费用，浙江绍兴将拿出 10% 旅游发展专项经费进行补助。此外，财政部、税务总局出台《关于支持新型冠状病毒感染的肺炎疫情防控有关税收政策的公告》，像旅游业中旅行社及相关服务、游览景区管理两类和住宿业等受疫情影响较大的困难行业企业，2020 年度发生的亏损最长结转年限由 5 年延长至 8 年。

2. 行业自救与互助

旅游相关企业发挥自身优势，积极自救和互救，共渡难关。同程国旅与咪店展开合作，让数千名拥有客户人脉和销售经验丰富的旅游顾问成为咪店平台的商品推介达人，扩展企业产业链，保障员工的收入。拥有数亿用户和全球 200 多个国家和地区数百万供应商的携程，推出“同袍”计划，通过投入 10 亿元合作伙伴支持基金和 100 亿元额度小微贷款等 10 项措施，给其平台上产业链中不占弱势的供应商群体提供了资金、资源等方面的支持。国内疫情得到控制后，在文化和旅游部的指导下，部分省市和地区的景区景点采取严格的防疫措施（表 1），有序复工复产，截至 3 月 16 日，全国已有 28 个省（区、市）

3714 家 A 级旅游景区恢复对外营业。

表 1　部分地区与景区景点防疫措施

地区 / 景区景点	防疫措施
湖北	实行无接触式实名制网络购票，每张身份证限购 1 张门票；所有游客入园时需持有效身份证件，到景区指定点核验健康码，测量体温，核验登记，正确佩戴口罩方可入园；景区将严格执行环境卫生消毒消杀制度；景区全体员工实行动态健康监测，建立健康档案，每天监测体温，佩戴口罩等防护器具上岗
西安	所有 3A 级旅游景区恢复开放三个月内免费；每天三次对景区公共设施与区域全面消毒；游客入园采用实名制、免接触、网上预约模式
广西	景区、度假区和乡村旅游区（农家乐）对景区游客服务中心、购票窗口、游步道、主观景台等公共场所消毒，提前做好景区开放区域设施设备安全检测，同时控制游客流量
福建	景区入口处志愿者负责信息登记，引导督促游客佩戴口罩、接受体温测量；景区要求游客尽量线上预订，疫情防控期间不接受现金交易；景区日接待量不超过最大承载量的 50%；实行严格的巡查制度和环境卫生消杀制度
浙江	景区每日消毒两次；设置唯一出入口，员工、游客须戴口罩并持绿色“健康码”经过测温登记与洗手消毒方可通行；员工实行分餐制，每人每天须填报健康情况；景区还制定了突发疫情处置工作预案，并进行演练
新疆	佩戴口罩；测量体温；持健康出行卡；排队间隔 1.5 米；索道承载人员每厢不超过 2 人
内蒙古阿拉善盟	各景区强化员工健康监测和管理，实行“一进一测一登记”制度
张家界	游客排队间隔 1 米；依次扫描健康码；红外线体温监测；无接触刷脸入园等流程规范有序
武当山	景区每天限量 3000 人；游客不进游客服务中心，直接凭提前购票的二维码入园；游览间距 1.5 米；测量体温入园；每名游客入园前必须扫描“萍码通”，确保游客近期未到高风险区域，同时景区增设流动扫码点；缆车采取间隔式乘坐，每个缆车坐 4 人（可坐 6 人），坐一个空一个；定期做好消毒和杀菌；游客用餐采取分餐制；转运车采取敞篷式电动转运，车速控制在 20 公里 / 小时

资料来源：中国旅游新闻网。

三、旅游应急体系在新冠肺炎疫情暴发后的阶段应急与问题暴露

应急管理生命周期理论在突发事件应急管理中得到广泛应用，学界已经根据应对突发事件的不同管理内容划分得到“三阶段模型”“四阶段模型”“五阶段模型”以及“六阶段模型”等不同的生命周期模型，其中 William Haddon 提出的用于描述突发事件发生的危机前、危机中以及危机后“三阶段模型”，Heath 提出的缩减（Reduction）、预备（Readiness）、反应（Response）、恢复（Recovery）的“4R”模式[6]运用较多。在疫情应急管理生命周期内，实施一体化的应急机制，能保障应急管理各生命周期内主要管理任务的顺利完成，缩减应急管理时间，降低应急管理成本。对照此次新冠肺炎疫情，我国旅游应急体系主要存在以下两个方面的问题。

（一）缺乏常态化的防疫体系

钟南山院士指出，21 世纪分别产生了三次冠状病毒事件，但由于将 2003 年的 SARS 作为一件偶然事件，导致新冠肺炎疫情发生时仍准备不充分。缺乏常态化的预防体系，必然会使疫前、疫中、疫后一体化的旅游应急管理工作不顺畅。同时，完备的防疫体系也需要社会公众的配合和支持。

1. 未针对旅游活动链形成常态化的防疫体系

建立常态化的旅游防疫体系的关键环节在疫前的预防阶段，疫前进行信息收集和分析，能发现危机征兆，尽早减少乃至消除危机发生的诱因[7]。当下旅游业疫前预防阶段没有将测量游客体温常态化和标准化，没有与医院、景区等建立信息沟通与共享平台，未建立良好的预防、预警机制，缺乏旅游应急预案的演练；疫中没有形成畅通、高效的部门协调联动机制，与区域外的部门、机构联动困难，同时不具备专业的应急救援队伍、专门的物资运输渠道；疫后没有构建旅游业应急管理财政保障体系，没有为旅游业设立专项基金，帮助旅游业恢复生产。

2. 未针对游客群体形成旅游公共卫生教育体系

旅游公共卫生教育将会强化目的地安全形象，但目前我国存在旅游公共卫生基础教育与宣传较为薄弱、集体防卫意识偏低等问题。我国针对公民的危机

教育仍停留在“形式化”阶段，公众的反应性差、认知度低[2]。例如，在新冠肺炎疫情防控的关键时期，依旧有群众聚集打麻将，而在疫情稍微得到控制以后，网曝四川广元市民开始摘掉口罩扎堆饮茶。旅游行业为了树立安全的旅游形象，往往不愿意把公共卫生防护的知识融进旅游宣传，加之社会层面形式化的公共卫生基础教育，在疫情发生时公众的危机意识淡薄，增加了疫情传播的风险。

（二）缺乏一体化的应急机制

1. 疫前监测管理失灵

疫前监测管理的主要任务是预防和预警，预防和预警的前提是进行信息收集和分析处理，信息的收集需要建立信息共享和交流平台。此次疫前信息共享机制失灵，武汉市卫健委未提前与文化和旅游局相互沟通和共享相关疫情信息，没有向社会发出预警，导致文化和旅游部门还在发放旅游优惠券，如马蜂窝推出了365天有效的“2020年武汉城市圈旅游e卡通”旅游年卡。我国各地区的旅游主管对于旅游业非常规突发事件应急管理工作投入不足问题突出[8]，事实上，缺乏风险意识，不愿意前期投入和缺乏常态化的防疫思维和机制是导致疫情监测失灵的主要原因。

2. 疫中应对整体组织效率偏低

疫情发生后，旅游应急管理在疫中发挥的作用水平高低将决定疫情的发展趋势，是最为关键的环节。旅游行业的关联性强，联防联控是必然的，埃莉诺·奥斯特罗姆提出的多中心治理理论就倡导公共事务治理的多元化主体[9]，但多中心治理也会产生协调统筹不足的问题。此次疫情暴露出基础保障设施缺乏、战略物资储备不够、人员和物资等不能在第一时间高效率进行调配等问题[10]，说明区域和部门间的联动机制不完善，在编制应急预案时比较局限于区域内部的联动，缺乏与区域外的信息沟通和合作，没有形成专门的物资运输渠道，多元的救援组织。地方政府的应急管理体系不完善性、机构不合理性、部门联动机制和管理平台不完善性[11]，信息沟通不畅、基础设施和综合服务能力不高等[12]，是旅游应急管理中比较普遍的问题。

3. 疫后恢复预测与未来规划不够

旅游业是一个市场化程度较高、以流量求生存的行业，对灾害非常敏感也很脆弱，巨灾对旅游业的灾中影响以及灾后恢复期均比传统的产业要更严重、更长，而疫后及时恢复旅游消费是旅游经济发展的保障。目前，我国对疫后旅游恢复发展的研究滞后，预测的科学性有待提高，对旅游业的疫后发展缺乏系统的规划。各省市虽有针对性地出台相关政策扶持地方旅游业的运行，但这些措施只能解短期内的燃眉之急，未能考虑到疫情的不稳定性和疫情对旅游业长时间的影响。

四、我国旅游应急体系优化建议

对于旅游突发公共卫生事件应急管理，将疫前一些预防措施常态化，做好疫前预防，及早发现并隔离治疗，将为疫中防疫、疫后行业恢复奠定良好的基础，也是建立一体化旅游应急机制的关键。

第一，建立常态化的统一领导指挥系统。张向东指出，提高地方政府旅游突发公共事件应急管理效果的措施之一就是指挥系统的统一性与合理性[11]。通过成立高效的旅游突发事件应急指挥决策机构，成立专业应急小组，联动各级旅游管理部门、卫健委、交通运输、食药监和旅游企业，与科研院所合作形成专家智库，正确把握事态发展，及时向社会发布权威消息。

第二，充分发挥科技在旅游活动链中的防疫作用。信息的沟通和共享在疫前防控中发挥重要作用，也是疫中联防联控能顺利实施的基础。将测量游客体温成为常态化和标准化，建立信息沟通与共享平台。酒店应将住店客人的体温测量结果记录在个人信息档案中，并利用AI人工智能等职能设备对游客进行早晚各一次的体温测量和登记。在人流量较大的景区，实行红外线体温测量，并设置报警系统，在监测到有体温异常的游客时启动报警系统，及时发现和就诊。同时，发挥旅游业的综合联动功能，统筹国家旅游产业运行监测与应急指挥平台以及携程、途牛等OTA平台，积极深化与卫健委、交通运输、食药监等多部门合作，共同建立全方位的疫情信息共享平台。

第三，构建旅游业应急管理财政与金融保障体系。目前，比较欠缺的或者是被忽视的对像是阳朔、张家界、凤凰等以旅游为支柱产业的旅游目的地的保护政策，用于旅游应急管理的资金来源途径也较少。国家层面可通过构建旅游业应急管理财政保障体系、建立应急管理专项基金、完善旅游业社会保障体系[8]等方式给旅游行业提供资金保障；旅游目的地或旅游行业可以从重大灾害的角度设立旅游业发展灾害基金，或鼓励保险公司针对地方政府和旅游企业推出旅游巨灾保险产品；旅游行业协会则可成立应急管理基金组织。

第四，强化对游客的旅游公共卫生教育、宣传与法治保障。国民危机教育在很大程度上决定了突发公共卫生事件的发生概率与发展进程。通过编制宣传手册、口袋书、新媒体传播等多种形式，行政主管人员和社会公众都应学习掌握疫情科普知识，做到“全民人人手里有册子，全民人人在学习”。为保证国民危机教育的效果，要强化法治保障，通过“责任到个人”的方式，对已经出台的传染病防治的相关法律加大普法宣传。同时通过国际合作，对目前已发现的可食用且携带病毒的野生动物进行盘点，制作宣传册和视频，并适时出台急需的法律法规，将携带病毒的野生动物列入禁食清单，对贩卖野生动物的商家和个人进行刑拘和高额罚款，增加个人的违法成本。

［参考文献］

［1］陈安，陈宁，倪慧芸等．现代应急管理理论与方法［M］．北京：科学出版社，2009：15-18.

［2］谈在祥，吴松婷，韩晓平．美国、日本突发公共卫生事件应急处置体系的借鉴及启示——兼论我国新型冠状病毒肺炎疫情应对［J/OL］．卫生经济研究：1-6［2020-02-12］. https: //doi. org/10. 14055/j. cnki. 33-1056/f. 20200210. 001.

［3］何月美，邹永广．旅游突发事件公共治理网络结构特征研究［J］．旅游学刊，2019，34（4）：51-65.

［4］旅游业应对疫情信息汇编（第 20 期）：行业应对篇［J/OL］社科院旅游研究中心：https: //mp. weixin. qq. com/s/R14yYExL7J_E8VhXyuVnaA.

［5］多家旅行社，捐防护物资［J/OL］郑州日报：https: //wap. eastmoney.

com/news/info/detail/202002131381824488.

［6］卢文刚，舒迪远．基于突发事件生命周期理论视角的城市公交应急管理研究——以广州“7·15”公交纵火案为例［J］．广州大学学报（社会科学版），2016，15（4）：19–27.

［7］朱艳．突发事件应急管理生命周期研究［J］．中国新技术新产品，2012（1）：251.

［8］耿松涛，陈文玲．旅游业面对突发事件应急管理能力评价模型及实证研究［J］．海南大学学报（人文社会科学版），2014，32（1）：96–103.

［9］姚瀛．云南省旅游突发公共事件应急管理研究［D］．云南大学，2018.

［10］李宏伟，夏彦恺．构建突发公共卫生事件应急管理体系［N］．学习时报，2020–02–17（002）.

［11］张向东．地方政府旅游突发公共事件应急管理研究［J］．经营管理者，2019（9）：72–73.

［12］吴丽慧，赵学彧，栾晓梅．旅游城市突发事件应急管理机制构建研究［J］．当代经济，2018（19）：115–117.

新冠肺炎疫情影响下云南民宿业自救之路探索

李梦霞

（云南民族大学管理学院）

摘　要：新冠肺炎疫情的发生对我国旅游业造成了巨大的冲击和影响。云南作为国内民宿业发展最早、最成熟的地方之一也受到重创。文章分析了新冠肺炎疫情对云南民宿业的影响，针对中小民宿业面临的现金流不足、收入少、工资支出大等经济问题，提出了制定优惠策略、利用新媒体营销、丰富产品品质、拓展多产业跨界发展、提高服务质量、完善基础设施等方面的自救措施，以期帮助民宿主渡过难关，并进一步促进民宿业向规模化、连锁化的民宿转型升级。

关键词：新冠肺炎；影响；云南民宿业；自救；对策

面对新冠肺炎疫情的突袭，举国上下全力抗疫，已经取得明显成效。疫情发生后，全国人员流动降至冰点，国民经济受到重创，旅游业则是重灾区。据中国旅游研究院（文化和旅游部数据中心）综合测算，2019 年春节假期，实现旅游收入 5139 亿元①，而 2020 年春节的旅游收入可以忽略不计，估计损失至少 5000 亿元。住宿业作为旅游业中的重要一环，也遭受了极大的经济损失。中国饭店协会在 3 月 11 日发布的《新冠疫情对中国住宿行业的影响与趋势报告》称，2020 年前两个月，酒店和民宿类等住宿企业营业额损失超 670 亿元，预计全年住宿行业营收将同比下滑 24%，共计损失在 1300 亿元左右②。

云南作为"避寒、避霾、避沙尘暴"的四季旅游胜地，民宿在春节黄金周向来是"一床难求"[1]。然而，疫情暴发，游客断流，民宿业遭受重创，部分中小民宿业甚至面临生存考验。因此，在疫情影响下如何图变自救是摆在民宿

① 数据来源：文化和旅游部官网（https://www.mct.gov.cn/）。

② 数据来源：中国文化和旅游大数据研究院（http://bigdata.bisu.edu.cn/）。

主面前的迫切难题。

一、新冠疫情影响下的云南民宿业

所谓民宿是指利用当地民居等相关闲置资源，经营用客房不超过4层、建筑面积不超过800平方米，主人参与接待，为游客提供体验当地自然、文化与生产生活方式的小型住宿设施[2]。近几年民宿大热，云南的民宿也迅速发展，现已形成较大规模，并成为国内热门旅游高地。根据中国文化和旅游大数据研究院发布的《2019中国大陆民宿业发展数据报告》，云南的民宿有2000多家，在全国排名仅在第14位，但民宿的好评率在全国省份中排名第一①。由此可见，云南的民宿非常受大众欢迎，发展形势十分可观。但在新冠肺炎疫情的影响下，云南民宿业亦遭受重创。

（一）游客断流，订单被退，损失巨大

"春节"历来被誉为云南民宿主的"黄金周"，也是民宿主的营收好时节，然而，2020年在新冠肺炎疫情的突袭下，大理、丽江等热门旅游城市上演了一幕幕"空城"之景，民宿的入住率直线下降至"冰点"，营收几乎为零。据悉，为阻断疫情，丽江古城、大理古城和束河古镇就有超过上千家民宿自行停业。此举不仅订单几乎全部被取消，而且早已为游客准备的生鲜食材也皆被浪费，经济受到极大损失。丽江某民宿业主甚至表示，2020年受疫情影响，再加上疫情结束后市场可能面临疲软，损失会占全年收入的30%~50%②。

（二）租客少，营业收入低

疫情暴发前后两个月，民宿业几乎都处于停业整顿状态。随着国内疫情明显好转，旅游业开始缓慢解冻。从2020年的清明假期看，云南的各大景区人流量相对3月已经明显增多，旅游市场也呈现复苏之势。然而，相比以往年份人流量仍旧不多。民宿业主即使熬过了疫情暴发期，疫情结束后仍要面对一段

---

① 数据来源：中国饭店协会（http://www.chinahotel.org.cn/forward/enterHome.do）。

② 数据来源：人民网（http://www.people.com.cn/）。

时间的缓慢“回暖期”。这段时间里，出于安全和卫生的考虑，选择住宿的过夜游客不会很多，营业收入非常低，经营状况依然不乐观。

（三）经营费用高，入不敷出，现金流严重不足

随着各大景区次第开放，旅游业也相继恢复经营。据云南网报道，4月初，云南的住宿业复工已经超过70%[①]。但是一旦营业就不得不面临支付大笔的员工工资，再加上债务、水电费、租金等固定费用的问题，极易导致中小民宿企业的资金流出现“断链”，甚至面临严峻的生存考验，因此，目前很多民宿主都推出降价、中长租等预售优惠策略，以期快速回笼资金。

二、云南省政府扶持政策

为了帮助民宿尽快恢复经营，云南各地政府也相继出台了一些扶持政策。对受疫情影响出现经营困难的部分中小住宿企业，应加大财政、金融、生产经营等支持力度，包括贴息、补助、担保、减租、税费优惠、缓缴社保等具体措施。2月11日，普洱市出台了10项措施支持中小企业共度疫情难关。其中指出对承租国有资产类经营用房的中小企业，1个月房租免收、2个月房租减半。3月25日，弥勒市出台了4项举措促疫情后旅行社、住宿业平稳发展，提出向全市宾馆酒店、民宿客栈、旅行社等涉旅企业宣传省、州、市相关扶持政策，并上报企业复工贴息贷款金额3816.8万元，积极帮助涉旅企业申请贷款，推动复工复产。同日，云南省财政厅会同商务、文化和旅游部门联合出台了《关于支持住宿餐饮业复工营业加快发展12条实施意见》（下称《实施意见》），指出各级财政、商务、文化和旅游部门要选派专人指导，一企一策帮助住宿企业依法申请享受减税降费和稳岗就业等各项政策；对于在2020年1月1日至3月31日期间安置滞滇湖北籍旅客的住宿企业，根据其游客数量分别给予10万~100万元的补助；对符合《云南省精品酒店建设和管理规范（试行）》或文化和旅游部《旅游民宿基本要求与评价》标准，报经省文化和旅游厅、省商务

① 数据来源：云南网（http://www.yunnan.cn/）。

厅合规核定，新验收达标的精品酒店和五星级旅游民宿分别给予20万元补助等。

云南各地政府出台的这些扶持政策对中小民宿主来说无疑是雪中送炭，缓解了部分经济压力，但帮助是有限的，想要渡过此难关，更重要的仍然是民宿主的自救。

三、云南民宿业自救对策建议

在旅游回暖期，各民宿业主应尽力客观评估已有损失以及后续可能受到的冲击，从人流、现金流、信息流等多方面入手，整合可利用资源，结合自身实际，有针对性地谋划自救方案[3]。

（一）推出优惠策略，吸客回笼资金

对于旅游业来说，在此次疫情中不仅蒙受了经济损失，还有游客出游意愿和出行信心的损失。目前最难的问题就是恢复后者，因此旅游业的回暖势必相对其他行业会缓慢一些。为了顺利渡过旅游业回暖期，民宿业主需特别关注“五一”劳动节、暑假、国庆节等节点，提前筹划，可推出降价、中长租优惠预售、增值服务、亲子优惠套餐、旅游消费礼包等策略，并与涉旅企业联合营销，快速回笼资金。

（二）利用新媒体营销，储备新客源

在互联网的时代，发挥线上营销优势是最好的方式。利用新媒体通过短视频、直播等形式将民宿套餐进行预售，一方面可回笼资金，另一方面可宣传民宿品牌、扩大知名度，拓宽新的客户粉丝量。民宿业主可根据其民宿的独特优势制作精美短视频和直播展现出民宿的优质环境、艺术氛围、主人魅力、服务质量等，并创造类似“云旅游”“云养宠”等话题，引导粉丝参与。通过与粉丝互动，勾起粉丝对民宿的好奇心，以及对远离喧嚣，寻找安静、惬意生活的向往，为疫情后旅游业恢复储备新客源。

（三）多产业跨界发展，提高抗风险能力

云南的大部分民宿业务比较单一，房租是最主要的利润来源。此次疫情是灾难，但也是机会，民宿业主需意识到跨界拓宽业务，突破仅住宿收益维度，提高未来抗风险能力的重要性。第一，加强与涉旅产业的产业链合作，如旅行社、景区、工艺行业、餐饮业、特产商家等；第二，重视多产业跨界发展，如与医疗、医美融合，民宿大多依靠优美的环境而生，将房间作为病人的疗养康复之地，非常适合；第三，与健康、养生融合，疫情后人们对健康会越发关注，可推出民宿健康的养生美食产品，并深度开发少数民族数千年来特有的非物质文化，如医术、运动、养生药膳、养生美容等与康养相关的技艺，提供药浴、推拿、温泉、针灸、健身、美容等服务。通过多产业合作发展，构建自身精准渠道化，向规模化、连锁化民宿转型，逐步摆脱对 OTA 的依赖，降低渠道获客成本，提高抗风险能力。

（四）丰富产品品质，提升文化内涵

近几年国内民宿业迅速发展，民宿产品同质化问题也越来越显著，尤其在民宿项目开发上，存在过于城镇化、景区化、房地产化的问题。特别是在少数民族村落，现有民宿的改造中忽视了与当地特色的民族、民俗文化相结合，导致游客无法感受到“乡愁”[4]。利用目前的空窗期，深入挖掘民族地区历史文化、地域特色文化、民俗文化、农耕文化、手工艺文化、少数民族特需品文化等，将其深入融合到民宿中，推出更多的特色体验产品，提升民宿的品质和文化内涵，并进一步促进地方民族文化的保护传承。

（五）做好员工技能培训，提升服务质量

目前的经营困难只是暂时的，如何保住人才队伍，为日后蓄力，是关乎企业长远发展的根本。因此，民宿业主应尽可能考虑员工的利益，安抚员工，并利用外部业务“冰冻期”，制订内部提升计划，提高员工服务质量。第一，提高管理层的整体素质和专业能力；第二，加强业务研讨和员工培训，做好民宿民俗文化培训、产品培训、服务培训、营销创意培训、管理培训等；第三，学习同行在应对疫情冲击方面的做法。通过学习思考、修炼内功，提升员工的服

务能力、技巧和服务质量，在疫情结束后为游客提供更优质的服务。

（六）完善基本设施，加强安全建设

住宿体验会影响整个旅行的质量，因此提供优质的住宿环境和完善的应急能力尤为重要。一方面，针对民宿店内进行全面细致的检查，对需要改进的地方加以改进，并从游客舒适度的角度出发，合理设计房间的构造，提升游客体验感；另一方面，受此次疫情影响，人们对安全有了更高的要求，民宿应建立更完善的应急管理规范，提升民宿的应急能力，包括自然灾害与突发事件的处理办法与流程，形成一套完整的日常操作流程，并做好员工培训和演练。

四、结论

新冠肺炎疫情的暴发和蔓延对人们的出游造成了重大影响，民宿业也受到重创，但是这只是阶段性的，人们未来的出游需求不会改变，而且通过此次疫情大考，也警醒了民宿企业对自身抗风险能力的认知以及人们对健康体魄的认知。未来，人们会更关注健康、养生，产生新的旅游消费需求，引导未来旅游业发展的新趋势。民宿企业也会更重视自身经济运营能力，重新思考民宿的经营模式，向规模化、连锁化的民宿转型升级。

［参考文献］

［1］明庆忠，赵建平．新冠肺炎疫情对旅游业的影响及应对策略［J］．学术探索，2020（3）：124–131.

［2］《旅游民宿基本要求与评价》（LB/T065—2019）［S］．北京：中国标准出版社，2019.

［3］夏杰长，丰晓旭．新冠肺炎疫情对旅游业的冲击与对策［J］．中国流通经济，2020，34（3）：3–10.

［4］冼锋．共克时艰砥砺前行——疫情对酒店、旅游业的影响分析［J］．中国会展（中国会议），2020（4）：58–63.

后疫情时代旅游企业跨界合作发展对策研究

——来自同程旅行与咪店合作的启示

张爱玲

（云南民族大学管理学院）

摘　要：2020年，新冠肺炎疫情导致本该火热的春节“黄金周”旅游旺季一片冷寂。旅游业遭遇重创，面临严峻的经营困难和生存危机。文章采用案例分析法，通过分析同程旅行成功自救的过程，提出旅游企业在经营旅游业务的同时可发挥自身优势和特点发展其他领域业务。鼓励后疫情时代旅游企业跨界合作发展，携手互联网、金融服务行业、医疗、会展和房地产等行业和部门跨界合作，增强旅游企业的抗风险能力，实现企业的长远发展和经济持续稳定增长。

关键词：后疫情时代；旅游企业；跨界合作；对策

一、先天脆弱，新冠肺炎疫情下旅游业全面停摆

旅游业对外部环境的变化较为敏感，容易受到自然灾害、社会灾害和突发性公共卫生事件等不利因素的冲击。新冠肺炎疫情的暴发，导致旅游业全面停摆，旅游经济断崖式下降到谷底，旅游业经历了最为漫长的“寒冬”。旅游企业作为旅游业构成主体，在疫情期间面临资金链断裂、人员失业的困境。旅游企业的脆弱性在疫情下暴露无遗。

（一）旅游经济损失惨重

新冠肺炎疫情目前在我国已得到较好的控制，但在全球多个国家还持续蔓延。旅游业进入了冰封期，旅游经济遭受重创。根据世界旅游业理事会的最新预测，由于疫情的暴发，与2019年全球出游的游客数量相比，预计2020年

将下降 20%~30%，国际旅游收入将损失 3000 亿 ~4500 亿美元；全球大约有 7500 万个旅游工作岗位受到威胁，2020 年旅游业产值预计将损失 2.1 万亿美元；其中，亚太地区有 4900 万旅游从业者可能失业，行业产值预计损失近 8000 亿美元；欧洲有 1010 万旅游从业者可能失业，行业产值预计损失近 5520 亿美元[1]。根据中国旅游研究院测算，2020 年第一季度及全年中国国内旅游人数预计下降 56% 和 15.5%，全年同比减少 9.32 亿人次；国内旅游收入分别下降 69% 和 20.6%，全年减少 1.18 万亿元[2]。这些数据反映了旅游经济急剧下滑，触发“多米诺骨牌效应”，导致大量旅游工作岗位流失、旅游从业者失业。可见，本次疫情对旅游业造成的直接冲击和间接影响较大。

（二）以旅行社和在线旅游（OTA）为代表的旅游企业面临生存考验

疫情暴发后，以旅行社、OTA 等渠道端旅游企业最先受到冲击，损失也最为严重。2020 年 1 月 24 日，文化和旅游部办公厅发出紧急通知，要求全国旅行社及在线旅游企业暂停经营团队旅游及“机票 + 酒店”旅游产品。旅游业全面停滞，退单改单需求爆发性增长，旅行社和线上旅游企业遭遇一场“退改潮”危机。一般情况下企业的退改单概率在 10% 左右，而此次疫情开始后退单率达到了 80%。对于那些经营出境旅游的企业来说，部分旅游团的订金已经转给境外供应商，要退款则需双方谈判并定损，退款资金压力更大。

（三）旅游服务行业陷入经营困境

疫情袭来，景区、酒店、旅游交通、餐饮、购物等旅游服务行业同样承担重大损失以及经营压力。为了防止人口大规模地流动和集聚，有效控制疫情的扩散，全部的景区景点和各类娱乐场所被迫暂停营业。在春节假期之前，旅游业各领域都进行了大量投资建设与准备，蓄势待发迎接 2020 年首次旅游高峰期。由于突发的疫情，旅游企业所有的计划被打乱，旅游收入几乎为零，投资效益短期内看不到回报，各种人工、房租、防护物资等固定费用仍在支出。企业陷入了资金不足、旅游从业者面临被迫降薪或辞退等艰难处境。有关调查数据显示，疫情期间旅游企业平均损失 450 万元，其中酒店住宿损失以及机票、车票等交通费用损失最大。

二、应对疫情，旅游企业自救成功典范——同程旅行与咪店的跨界合作

疫情发生以来，中央及地方政府陆续出台一系列帮扶企业纾困、支持企业发展的政策文件，帮助企业应对疫情的冲击，缓解资金压力。一系列扶持性政策固然十分重要，但关键还是企业要学会自救，积极主动出击。俗话说得好，“等风来不如追风去”，企业若放弃自救、固守救援的话，相当于坐以待毙，把自身推向危险边缘。因此，企业应突破传统单一的经营模式，积极寻求跨界合作发展，而跨界合作是将不同领域的事物相互交融、相互合作，整合双方的优势，扩大各自原有的经营边界，以达到双方利益最大化。同程旅行与咪店跨界合作，有效地弥补疫情对企业的冲击，是疫情期间旅游企业自救成功的典型案例，具有极大的参考价值。

（一）咪店简介

咪店于2019年1月应运而生，基本包含了电商、社区生鲜、本地生活（如店铺团购、优惠券等）和广告福利任务所有模块，汇聚了吃、穿、住、行、娱各类连锁品牌，是一种满足用户全部生活需求的去中心化线上会员制商城。咪店以“私域 + 无界”为经营理念，凭借强大的无界供应链，帮助商家推荐和购买更具有性价比的商品，有效地实现私域流量变现。每位入驻咪店的店主都拥有自己的店铺和独立的会员体系（即“私域流量”），通过微信社群接触用户和流量进行商品推介与销售，成为普通带货达人 KOC（关键意见消费者），赚取商品购买后产生的佣金，其本质是社交电商。疫情期间，为帮助企业度过此次危机，咪店推出了“中小企业自救赋能计划”，通过免除企业的技术服务费、门槛费用、营销培训费用以零成本的方式助力企业转型业务，并提供能促进企业快速创造收入以补充现金流的电商销售模式，实现企业自救。

（二）同程旅行跨界合作发展

同程旅游是一个多元化的旅游企业集团，旗下设有同程网络和同程国际旅行社（简称“同程旅行”）。其中，同程旅行经营旅游服务、会议旅游、定制

旅游及商务服务，开展国内旅游、入境旅游和出境旅游，为消费者预订酒店和景区门票、代理意外伤害保险等。疫情发生后，几乎所有的旅游和“衣食住行”均受影响，仅社交电商业务可正常开展；所有的帮扶政策或企业自救方向都是以节约现金流为目的，采取一些诸如裁员降薪甚至直接关停企业的救急措施，不利于企业的长远发展。

同程旅行迅速做出了调整业务的决定，与致力于盘活私域流量的咪店开展合作，全面拓展企业经营边界，以跨界的方式弥补疫情对主业的影响。咪店免费为同程旅行构建 SAAS 电商平台，在平台上企业既可分销其他品类的商品，也可采购和销售自营产品，帮助企业从线下业务转移到线上，实现私域流量电子商务。同程旅行的数千名具有丰富销售经验和客户人脉的旅游顾问，入驻咪店后转型为电商店主，利用自身优势成为 KOC，向日常积累的大量客户推介和销售产品。除销售原有旅游产品外，还增添“吃喝玩乐”和“电商”品类，使低频旅游需求与高频电商需求形成互补，全面拓展企业业务范围，满足不同消费者的全部需求。咪店向同程旅行提供应用系统和服务，同程旅行则根据服务的多少和使用时限支付相应的费用，双方共同发展。合作后，同程旅行全国咪店实现单日销售流水迅速突破千万，首周破亿，全国旅游顾问周提成最高可达到万元以上，同期消费用户增长十倍，实现企业和员工双创收的目标（图 1）。

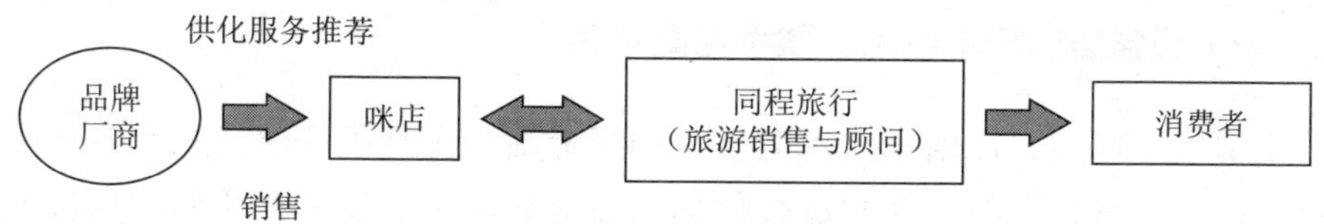

图 1　同程国旅与咪店合作简图

（三）同程旅行跨界合作发展带来的启示

中小微旅游企业在我国旅游市场中占有很大的比重。这些企业主营单一旅游业务，产业供应链短、营利性存款少、储备资金不足，春节黄金周旅游收入占比较大，占全年总收入的四分之一[3]。这次疫情可能成为“压死骆驼的最后一根稻草”，企业就此破产倒闭。当前，企业如何根据市场需求做出相应的调整与改革，已经成为许多中小微旅游企业急需解决的问题。

同程旅行突破了过去的发展思路和发展模式，发挥自身雄厚的客户群体优势，与咪店合作发展，支持线上电商销售需求，将旅游服务延伸到生活服务，实现原有产品与零售产品交叉销售。这不仅解决了疫情期间企业资金流的问题，帮助其顺利渡过难关，还扩宽了企业的盈利渠道，实现企业快速转型升级，为企业带来主营业务外的其他收入，增加新客户的数量和老客户的黏性。同程旅行在疫情中求生存、谋发展，化危机为机遇，是疫情期间旅游企业成功自救的典范，对后疫情时代旅游企业的跨界合作发展有很好的借鉴作用。

三、后天补缺，旅游企业跨界合作发展对策探索

所谓后疫情时代，是指新冠肺炎疫情并未完全结束，在有效防控的手段下，依然存在规模性暴发的风险，且各行业的风险防范意识、疫情应对能力和抗压能力都得到提高的时代。疫情给旅游业造成的损失是有目共睹的，后疫情时代，旅游企业不能“好了伤疤忘了疼”，应更清晰地定位其发展方向，更注重盈利能力和抗风险能力的提升，保证企业的长远发展和经济持续稳定增长。本文基于跨界合作思维，探索从“旅游+”到“+旅游”的多方发展途径，提出了旅游企业合作发展方略举措。

（一）加强信息技术运用，联手电商平台

疫情发生以后，以信息技术为支撑的线上活动得到了广泛使用。旅游企业纷纷开展线上远程办公、员工业务培训，充分利用企业暂停营业的“蛰伏期”；许多景区景点企业通过云直播、云旅游、云观展等方式，让群众足不出户也能感受祖国的大好河山；酒店向客人提供无接触式服务，如远程办理入住手续到店取房卡、机器人送物、零秒退房、免费在线问诊等，凸显信息技术对企业发展的作用。未来，旅游企业需全面加强信息技术运用，提升智能化能力，拓展企业信息领域空间。由于旅游企业具有产业供应链长的特点，拥有大量的游客群体，企业可采购景点周边的特产或生活类商品，联合电商平台将产品销售给老顾客或新社区客户，开拓社区化发展道路。这样无论是否发生突发性事件，旅游企业都会产生部分收入，打破过度依赖旅游收入的束缚。

（二）跨界金融行业，提供服务支持

旅游企业与金融服务业合作发展，扩展了金融业业务范围，也为企业发展提供资金支持与保障。鼓励银行根据旅游企业财务特点，提供综合金融服务，如固定资产贷款、项目融资贷款、流动资金贷款、融资租赁、现金管理等，帮助企业解决资金问题。金融机构对于一些开发民族村寨、古村古镇和农业观光的旅游企业可提供多种信贷模式和服务方式，进一步加大对中小微型旅游企业和乡村旅游的信贷支持，切实保证旅游业务有足够的资金支持和投资支持。例如，众信旅游与以银行为主的金融行业合作，银行向其提供了旅游贷款、惠民补贴和旅游相关增值服务，从而惠及广大众信旅游客户，有力地提升客户忠诚度与满意度。

（三）携手医疗领域，实现健康管理

随着国人对康体养生的需求日益增加，国内健康旅游会得到快速发展。旅游企业应抓住疫后旅游者需求的变化，跨界合作涉足医疗领域，同具有完善医疗硬件设备和先进医疗技术的医疗服务机构合作，满足旅游者在休闲度假的同时接受医疗护理、疾病预防和养生康复等服务。与国内相比，国外旅游企业在这方面较为领先。凯撒旅游与高端医疗领域合作，开发了具有独特个性的健康管理类产品，如“美国纽约长老会健康体检”“日本东京癌症早筛健康检查”等，提供健康体检类型医疗服务以及深入的旅游观光体验[4]。我国旅游企业在借鉴国外经验的基础上，可结合我国丰富、优质的民族医药旅游资源与技术，实现独具我国本土特色的健康管理，满足大众化旅游者。另外，酒店、景区等旅游企业还可以与当地医院合作，若发生突发事件时，企业可充当隔离区或救援区以减轻病房数量不足的压力，发扬企业文化和体现社会责任感。

（四）延伸会展业务，促进联合发展

会展活动的参展商、与会者及观众流动都存在吃、住、行等基本需求，都可能是潜在旅游者。旅游企业可同会议及展览会承办方合作，渗透会展业务，

实现旅游业与会展业联合发展。交通、住宿、餐饮、旅行社等旅游企业通过为会展的相关人员提供优质的接待和服务，体验满意度高，促使潜在旅游者转化为真正的旅游者，继而产生游览、购物、旅行等需求，从而带动会展举办场地周边地区的景区景点，增加各企业收入和知名度。瑞士万人小镇达沃斯拥有最先进、最齐全的会议设施和服务，因这里每年都会举行各种会议和活动，所以参与会议举办的各旅游企业所得收入均明显提高，且在达沃斯整个旅游业中占有较大比例。

（五）关联房地产业，扩大经营范围

以建设主题公园为主的旅游企业，可通过与房地产跨界合作，在单一旅游业务上增添新的业务，实现企业多样化经营。与建设主题公园相比，房地产业形成收益相对较快。房地产经营的回报可以补贴旅游企业产品开发和项目建设，减轻企业成本压力。另外，主题公园等景区景点的建设可为房地产创造优美的周边环境，提升吸引力；房地产也为旅游企业带来客源，实现双方互惠共赢、可持续发展。在深圳华侨城主营业务中，46.94% 为旅游综合，50.51% 为房地产，实现了“旅游搭台，地产唱戏”的发展模式[5]，达到了双方共同盈利的目标。

新冠肺炎疫情对旅游业发展造成了致命的打击和深刻的影响，但疫情不会改变我国旅游业持续向前、蓬勃发展的步伐。为了适应竞争激烈的市场、满足多元化的旅游需求，以旅游企业为主的旅游消费供给端必须改变过去单一的发展方式，不断转型升级。探索旅游企业跨界合作发展对策，对于推动后疫情时代旅游企业持续健康发展具有重要意义，同时也可丰富和拓展旅游企业发展研究内容。

［参考文献］

［1］姜波，林芮．全球旅游业面临疫情大考［N］．人民日报，2020-04-03.

［2］中国旅游研究院．中国旅游经济蓝皮书（No. 12）［R］．2020-2-20.

［3］明庆忠，赵建平．新冠肺炎疫情对旅游业的影响及应对策略［J］．学术探索，2020（3）：124–131.

［4］朱丽．旅行社跨界营销现象研究［J］．市场营销，2018：72–73.

［5］李平，陈计芳．基于产业融合视角的旅游企业跨界发展研究［J］．改革与战略，2013（10）：109–114.

新冠肺炎疫情对丽江旅游业影响及疫后发展策略研究

普　荣　朱桂香

（丽江师范高等专科学校遗产旅游研究基地）

摘　要：旅游业的“脆弱性”和“敏感性”决定了其在本次新冠肺炎疫情中受到严重冲击。作为著名旅游目的地的丽江，战疫及疫损均突出。本文基于调研，深入分析新冠肺炎疫情对丽江市旅游产业的影响，反思丽江旅游业的当下发展问题，提出疫后丽江旅游业发展策略。

关键词：新冠肺炎疫情；丽江旅游业；发展策略

由于突如其来的新冠肺炎疫情袭来，丽江严格落实党中央、国务院、省委、省政府疫情防控决策部署，按照重大突发公共卫生事件一级响应要求，按下“暂停键”，全力投入新冠肺炎疫情防控歼灭战和阻击战，坚守人民至上，人民生命安全和健康至上的原则。所有旅游活动停摆，旅游业受到前所未有的冲击和影响。丽江作为全国重要的旅游目的地，在疫情影响之下遭受了怎样的冲击？丽江旅游行业和企业如何在政府的统筹下开展行业自救和恢复发展？为了全面深入厘清上述问题，在云南旅游规划研究院发起的“文旅抗疫”倡议活动下，笔者对丽江旅游行业和企业通过问卷发放、深度访谈和深入景区、企业一线实地调研等方式开展研究，发现丽江旅游业在当地党政的领导下，疫情防控成绩极为突出。受访者对当地疫情防控工作持肯定和支持态度的达 100%，高度统一地认识到：没有疫情的消除，就没有旅游业的真正恢复；没有安全，就没有旅游业的稳定和发展。

一、新冠肺炎疫情对丽江旅游业的影响

（一）地方旅游收入锐减

丽江是全国重要的旅游目的地。旅游业对全市经济发展的贡献超过 50%。旅游业是重要的支柱产业，本次疫情对丽江旅游业的影响是显著的，从收入损失来看，我们参考 2019 年春节假期丽江市的游客接待量 144 万人次，旅游收入 14.7 亿元。2019 年一季度，丽江市共接待游客 1232.5 万人次（绝大部分是外省和外地游客），旅游业总收入 256.37 亿元人民币。因为疫情防控需要，2020 年的丽江旅游业一季度除了 1 月中上旬疫情暴发前的游客接待之外，其余时间均处于停摆状态。虽然从 3 月初丽江也在全国率先恢复开放景区，开展了正常的旅游接待，尽量将旅游损失降低到最小，但受到目前全球和全国疫情形势的影响，外地游客还难以进入，目前的客流量主要以本地客源为主，游客量较小。从当前疫情发展的形势来看，上半年丽江旅游业将很难恢复到正常水平，下半年的整体旅游业形势依然不明朗。

（二）旅游企业举步维艰

疫情对旅游企业的影响主要体现在两方面。一方面，疫情给大型旅游企业的营收带来重创，景区首当其冲，高额的固定资产和众多的员工给企业带来巨大负担，即使是 3 月底以来有序恢复，但也仅仅是杯水车薪。以丽江玉龙雪山景区为例，玉龙雪山 2019 年日均接待游客量在 1.5 万至 1.8 万人次左右。2020 年 3 月初恢复营业后，日均游客量不足千人，即使是“五一”之后，按照承载量不超 30% 的严控要求，加之外省游客难以进入，游客数量也只能维持在两三千人。疫情之下丽江大型旅游企业的生存举步维艰。另一方面，小企业和个体经营户受到的冲击也不小。从调研反馈来看，丽江古城、束河古镇的住宿、餐饮、娱乐业和商户受影响较大，其中重要地段如大研古镇的新华街、五一街、东大街、酒吧街区和束河的核心地段等因其高昂的租金受到的影响也最大。虽然很多租户得到了 3 个月的租金减免，但对于这些商户来说，错失了春节这一重要的创收良机，将对全年的收益带来较大的影响。毕竟对于丽江大部

分旅游经营户来说，春节、国庆和暑期是一年中三个最重要的旅游黄金期。

根据前期我们对丽江旅游行业发放的关于疫情对丽江旅游行业影响的问卷反馈，目前疫情的影响对整个行业都带来了巨大的冲击。截至3月底，初步反馈中有过半的旅游企业在第一季度存在严重的亏损，企业员工的薪水也出现不同程度的下降，还有部分（近25%）的企业出现了裁员。综上，本次疫情对丽江旅游业甚至是丽江全年的经济发展都带来较大的影响。

（三）旅游从业人员就业形势严峻

旅游业是劳动密集型行业，丽江旅游业的发展吸纳了大量就业人口，以旅游业为主导的第三产业占据丽江就业人口的半壁江山。从春节前的疫情发生开始，丽江旅游陷入停滞，在三个月的时间内，大量景区、酒店、客栈、餐饮几乎处于停滞状态。截至4月中旬，古城商户开门营业比率尚不到全部商户的50%，初步预测丽江旅游业的恢复最早也要到7月份后的暑期。从1月底至4月底，近2000名导游几乎处于绝对的失业状态。相关的旅游景区、酒店、购物超市、餐饮、交通、娱乐从业人员处于半失业状态。5月份以来，部分行业的有序恢复和营业带动了就业，但距离恢复到正常的就业水平尚需时日。此外，旅游业在带动间接人员就业方面的巨大作用在疫情冲击之下也使得大量间接就业人员难以就业，间接从事上游旅游产品种植、生产、加工、销售的行业，因下游的阻滞影响而受到冲击，造成就业人员收入减少，甚至失业[1]。

二、疫情之下的丽江旅游业发展反思

（一）深刻认识旅游业的“脆弱性”和“敏感性”

旅游业的“脆弱性”和“敏感性”是其先天属性，经历了四十多年的发展，中国旅游业整体发展已经步入成熟阶段，甚至可以说旅游业已经变得异常强大。但是纵观四十年的发展，旅游业的“敏感性”和“脆弱性”问题一直未得到解决。每一次大的灾害或社会事件都会对其产生冲击。21世纪以来，

2003 年的“非典”、2008 年的汶川地震和如今的新冠肺炎疫情都给旅游业发展带来较大的负面影响。从内在根源来说，旅游业的发展是建立在“人”的流动基础之上的，没有“人”这一旅游者的流动和消费，就不会带动整个旅游市场的繁荣。但是旅游者的出游和消费必须建立在一个安定、舒适、和谐的外部环境之上，即当外部环境发生变化，游客出游必然受到影响，尤其当游客的安全难以保障时，纵使再美的风光和景色也难以对旅游者产生吸引力[2]。此外，旅游业作为综合性产业，涉及吃、住、行、游、购、娱的各个方面，贯穿社会发展的各种领域，与第三产业深度融合。但不管如何强大，一旦游客的流动和消费停滞，全产业都将通过产业链传导而深受影响，最终出现萧条。尽管近年来学者和政府致力于倡导产业深度融合和跨界融合来提升旅游业抗击危机风险的能力，但也难以改变其“脆弱性”和“敏感性”。

（二）旅游业依赖型城镇亟待创新与转型

从 20 世纪 90 年代中后期开始，旅游业对丽江市经济发展的贡献一直保持在 50% 以上。丽江市的产业布局和功能结构紧紧围绕旅游业的发展而形成，且在过去很长一段时间，丽江产业结构出现过分依赖以旅游业为主导的第三产业，而第二产业并未得到相应发展，一定程度上造成了三次产业发展不健全的局面，对丽江市的整体经济可持续发展极为不利。疫情之下，丽江社会经济发展受到严重的冲击，与此同时，也给我们带来思考：一个城市必须要有健全的产业结构。如果城市的发展太依赖旅游业，在旅游业受到冲击时，城市的发展也必将停滞。面对全球化浪潮和科技创新，丽江可以抓住这一发展机遇，尽快依托科技创新和全球化分工，融入全球化发展体系，实现城市的转型与升级。

（三）警惕丽江旅游地产的“虚假繁荣”

中国旅游刚刚迈入发展黄金期，旅游项目的投资数量和规模都在不断增长。旅游界有个说法，“中国旅游投资已经进入百亿投资时代”[3]。从 2018 年相关部门的统计数据来看，全国文化和旅游两个产业的产值合计已经超过了房地产业。文化旅游产业在国民经济中的规模愈加壮大，其背后也反映出旅游投资的空前膨胀。大规模的旅游小镇、旅游地产项目在全国遍地开花。有些旅游小镇项目在资源禀赋和旅游发展潜力不大的地区动辄几百亿元的投入非常普遍，但现在看来这种过热的虚假繁荣值得我们反思。尤其在疫情之下，我们更应该回归旅游业发展的本真，要清醒地看到旅游业再怎么发展，其自身属性存在的"脆弱性"和"敏感性"特征难以改变。在疫情面前，那些扎根做符合大众需求的传统旅游企业比起将资金盲目投向过热的旅游地产、主题公园、旅游小镇、旅游综合体等这些类型的企业受到的冲击更小。特别是在疫情之后，受到全球经济整体放缓和衰退的影响，旅游者将更加趋向于理性消费和投资，传统旅游项目容易受到追捧，高风险的旅游地产类项目将会面临更多的不确定性。大部分企业将在整体经济危机之下面临资金链断裂风险。

丽江旅游业近年来也出现了一些虚假繁荣的现象。2012 年以来，在全国地产热的带动下，一大批旅游地产企业迅速进驻丽江，开启了丽江旅游十亿元、百亿元的大规模投资时代。2014 年，宋城演艺投资 10 亿元打造丽江宋城旅游区建设项目，推出《丽江千古情》等舞台剧幕。同年，方兴地产以"静心度假"为理念在玉龙雪山脚下打造金茂雪山语项目；北京中书投资股份有限公司斥资 35 亿元打造雪山艺术小镇；云南本土企业俊发地产与丽江市政府签署了丽江市国际文化旅游项目，总投资 56 亿元；2018 年，复华集团总投资 40 亿元在束河古镇核心区建设复华"丽江国际度假世界"。旅游地产看似火爆异常，但很快一些虚假繁荣的地产也频频爆出经营亏损。首先是艺人李亚鹏投资的雪山艺术小镇项目经营惨淡而出现严重负债，后来便是丽江复华资金链断裂带来的员工讨薪无望和项目停工。此外，根据调研，目前建成的丽江旅游地产项目，并未真正吸引到旅游者。一些商铺建成至今都未开业，占地面积最大的复华世界从 2019 年开始 80% 的商铺处于关门停业状态，旅游地产的现实萧条可见一斑。

三、疫后丽江旅游业发展对策

显然，疫情对丽江旅游业的影响是巨大的。面对无情的瘟疫，当前需要做的就是尽快出台系列措施，积极开展自救，将疫情对旅游业的影响降到最低。政府和企业联手共同搭建好重振丽江旅游的良好平台，要从政府、行业、企业、社区多层面形成合力，共同推动丽江旅游业快速复苏。

（一）政府层面

1. 政策支持

疫情发生之后，丽江市政府积极谋划开展政策自救，力图将疫情对旅游业的影响降至最低。丽江市政府先后制定出台了《丽江市支持文化旅游行业抗疫情渡难关稳发展的十八条措施》《丽江市应对新型冠状病毒感染肺炎疫情支持中小微企业共渡难关十二条政策措施》《丽江市人民政府关于应对新冠肺炎疫情稳定经济运行25条措施的意见》。以上措施主要从资金保障、降低企业成本等方面来扶持和恢复丽江旅游业。财政安排3000万旅游发展基金奖补文旅抗疫中表现突出的旅游企业。对疫情影响造成经营困难的企业给予贴息贷款支持，对企业在经营中难以按时缴纳五险一金的企业可以延至6个月或1年缴纳。

2. 深化旅游供给侧改革

丽江作为世界级品牌旅游地，要想承接和吸纳更多的旅游者，就必须加快对旅游供给侧做出调整，聚焦旅游发展的品质化、国际化和现代化，不断优化旅游产品体系，优化旅游生产空间，深入挖掘旅游业发展潜能。通过不断创新旅游产品，打造基于新时期客户多样化的旅游体验需求来形成多层次、全方位、特色化的旅游产品。

3. 推动丽江全域旅游的发展

丽江作为全域旅游示范区，发展需要尽快整合各类资源，破解发展难题，增强发展动力，着力推进旅游业治理能力和治理水平现代化，努力推进丽江旅游业的转型升级。一是要创新旅游规划体系，提升旅游发展顶层设计。二是要创新旅游投资体系，优化资本要素的投入。三是要提升旅游服务整体质量，推动公共服务均等化。四是要强化部门联动机制，整合旅游综合服务平台。五是要推动产城融合发展。

（二）行业层面

旅游行业面对疫情的冲击要积极行动起来，在行业层面做好应对疫情冲击的抗疫应对机制和方案。联合全行业企业开展好自救与恢复生产，全面摸排丽江旅游业遭受的冲击损失情况，积极发挥旅游行业智库专家的智囊咨询作用，正确处理好有序开放恢复景区和严控疫情传播之间的关系，坚定行业抗疫的信心和决心。

1.“文旅融合”“智慧旅游”助推疫后旅游复苏

文化与科技在旅游业中的实践应用为新时期旅游业的转型发展注入了强劲动力，其对传统旅游业态的改变是颠覆性的。文化就是文化创意。丽江丰富的民族文化旅游资源的开发创新亟待抓住文化这个命脉，在文化与旅游的融合中形成新的业态和文化创意产品，不断释放产业活力，增强旅游吸引力。疫后丽江旅游业的复苏和持续发展，必须打好文旅融合这张牌。诚然，文旅融合才是丽江旅游发展的精髓所在。科技就是科技智慧，包括智慧旅游的全面打造和建设。面对大数据和互联网时代下游客体验需求更加多样化的转变，智慧旅游体系的建设与供给能够更好地为目的地整体旅游服务水平提升提供保障，满足于顾客挑剔化和多样化需求。增强游客对目的地的整体满意度，有助于提升丽江国际旅游目的地的整体品牌形象[4]。尤其在疫情尚未完全解除阶段，智慧旅游的有效应用对于监控景区游客承载量、及时对外发布疫情信息和客流信息、对高风险区域进行预警调控等起到很好的抗疫支持，确保旅游业有序恢复发挥重要作用。诚然，只有抓好文旅融合和智慧旅游这两根绳，丽江旅游业才能实现全面的振兴。

2. 打造丽江疫后优质旅游产品

疫情之后，游客的体验需求会不断推动旅游产品的更新换代和升级。由于传统观光旅游发展遇到瓶颈，文化旅游产品将在今后成为主打。现有的丽江旅游产品存在相对陈旧、创新不足、吸引力不强等问题，要不断加快丽江旅游产品的体系构建和知名度提升，需要从五个方面努力：一是要有好的丽江故事呈现给游客；二是要有好的美食味道满足游客的味蕾需求；三是要有好的伴手礼提供给旅游者带回家乡；四是要有好的舞台剧幕震撼游客心灵；五是要有“好玩的打卡点”让游客期盼。

（三）企业层面

1. 积极开展企业自救

目前来看，旅游行业受冲击最严重的主要是旅游景区和酒店类企业。由于旅游景区和一些高星级的酒店，其固定投资较高，员工数量众多，受到的冲击也最为严重。政府当下需要做的就是运用财税金融手段帮扶旅游企业渡过难关。政府需要解决的是输血的问题，而企业自身需要做的是如何通过优化制度体系降低旅游成本和刺激大众需求（全国各旅游地包括丽江都在推出系列免景区门票、免住宿的旅游吸引政策）开展自救。企业最终要解决的是自身的造血问题。例如，针对省外客源市场无法打开的局面，企业可以积极推出针对本地客源市场的优质旅游产品，盘活本地游，激发本地客源市场潜力。企业要有主动出击的思维，转变发展方式和经营思维，不能禁锢在“做外地游客”产品的传统经营思维中。只有通过输血和造血二者的结合才能尽快将旅游业从困难中解救出来。

2. 调整和创新旅游产品

本次新冠肺炎疫情的发生在方方面面对中国社会都产生了冲击和影响，包括旅游认知和出行方式也将发生转变。丽江的旅游企业在应对危机和疫情带来的变化方面，可以根据游客在疫情影响之下的心理变化与转向，寻找到新的消费增长点。后疫情时期，人民大众的价值观念、生活理念、处世态度等都在经历了大灾之后发生转变，很多人会放下繁忙的工作，离开喧嚣的居住地和工作生活事务，到一处自己向往的旅游地去感受“慢生活”，到陌生的地域去体验异域风情，在完全放松的世界里尽情享受人生。相信本次疫情之后，原来不怎么爱旅游的人或者原来在旅游上花销较少的人可能会有大的改变，每年会花更多的时间和金钱陪着家人去自己想去的地方体验生活。此外，本次疫情中广泛使用的线上办公、线上学习等全新的工作学习方式也必将形成更大的旅游需求。线上办公、学习打破了大部分人的传统工作学习方式。有了这种新的方式之后，人们不再为“工作忙而没时间旅游”苦恼。边旅游边工作、边旅游边学习将会成为未来大众的一种常态。面对新的旅游需求，丽江的旅游企业经营者们要不断创新旅游产品，从游客的不同需求层次出发，形成满足于不同游客群体的多样化、定制化、高端化旅游产品，旅游经营企业要实施差异化发展策略，避免产品同质化带来的低价和恶性竞争。

（四）社区居民

社会居民是旅游业重要的参与主体。社区居民的参与意愿和支持态度通常会对旅游地的旅游发展产生直接的影响。本次疫情发生后，受到冲击最大的显然是旅游行业中的中小微企业和旅游个体经营户。这些小微企业和个体户是丽江旅游业发展中重要的构成群体，其中分布最为集中的主要处于丽江古城、束河古镇、泸沽湖景区 3 个旅游地社区。仅在春节前期，3 个社区的客栈酒店行业原先火爆的预订全部取消，丽江旅游行业按下“暂停键”。根据前期的调研分析，从春节到“五一”3 个多月的时间，71% 以上的客栈业收入几乎为零，剩余 29% 的客栈也仅在 4 月份有零星的游客入住。面对此种情形，在政府倡议下，社区积极行动起来。丽江古城率先为古城内租户减免房租 3 个月，此举涉及租户 271 户，减免金额为 1181.92 万元，仅百岁坊银器饰品公司 3 间铺面就获得 20 余万元的减免。在束河古镇，1190 户原住民为当地商户减免 3 个月房租，减免金额达上亿元。在泸沽湖景区的大落水村、小落水村、里格村、三家村等 9 个村寨 231 户，共减免房租 1100 多万元，单户最高减免 25 万元。可以看出，社区居民在推动疫后旅游业复苏和共渡难关中发挥了重要作用。在全球化背景和旅游地共生发展理念的影响下，社区居民近年来的旅游支持态度正在发生积极转变，从单纯的获取租金的短视行为进而转向多方的参与和长期的可持续共存。社区居民的这一可喜变化将助推丽江旅游业朝着更加充满活力的方向迈进。

总之，丽江旅游业在本次疫情冲击中面临的问题也是中国旅游业应对疫情方面所表现出的一个缩影。旅游业当前需要思考的是从疫情影响之下如何尽快开展恢复生产和自救，并且我们在将来很长一段时间需要做好推动旅游业发展与抗击疫情长期斗争的准备。经过疫后反思，旅游业发展的产业更替和创新举措亟待围绕着危机管理与应对展开。这也可能是未来旅游业需要面对的新挑战，没有安全，就没有旅游业的稳定和发展。

[参考文献]

[1] 陈景翊，姜春红 . 中国旅游业危机管理对策分析 [J]. 北华大学学报（社会科学版），2010（4）：101–104.

[2] 李九全，李开宇 . 旅游危机事件与旅游业危机管理 [J]. 人文地理，

2003（12）：77–81.

［3］李业锦，吴维飞．海南省旅游业危机管理研究［J］．安徽农业科学，2012（12）：109–111.

［4］普荣，白海霞．民族地区旅游城镇化策略——滇西北的探索［J］．开放导报，2014（10）：69–72.

新冠肺炎疫情对贫困地区旅游产业脱贫工作的影响及对策建议

吕宛青　倪向丽　赵书虹
（云南大学工商管理与旅游管理学院）

突如其来的新冠肺炎疫情给我国经济社会发展造成巨大影响，也对旅游业的持续健康发展构成极大冲击，以旅游业为主要产业支撑的贫困地区所受影响尤其显著。由于旅游消费受到严重抑制，导致整条旅游产业链上的几乎所有企业或经营户都遭受重创。以提供旅游商品和服务赚取收入作为家庭主要经济来源的贫困户，面临失业、断收和返贫的风险。据专家预测研判，新冠疫情防控工作未来一段时期内将成常态，对旅游业的影响短期内难以完全消除。在脱贫攻坚的关键节点上，以旅游产业脱贫为主要抓手的贫困地区，如何守住已有的扶贫成果，防止返贫，是一个急需研究和亟待解决的重大问题。

一、疫情给贫困地区旅游业带来的现时冲击及未来影响

贫困地区是国家经济基础最为薄弱，精准扶贫任务最重的区域，但往往也是自然人文景观和旅游资源相对富集区。多年来，旅游扶贫已成为贫困地区打赢脱贫攻坚战的主要手段之一，在促进减贫脱困中发挥了重要作用。

此次新冠肺炎疫情对贫困地区旅游业的影响很大，给旅游脱贫工作目标的实现增加了难度。例如，贫困地区人员外出务工受到影响、贫困地区大量优质产品销售不畅、相应的脱贫工程也无法开展，尤其是通过发展乡村旅游业促脱贫的地区更是因缺乏游客到访而受到影响，其主要表现在以下方面。

第一，乡村接待户旅游收入与利润大幅减少。禁止出行使人员不能流动，

而旅游恰巧是通过人的空间移动来实现消费需求满足的行业。不少乡村旅游接待户春节前做了大量准备来迎接黄金周带来的消费潮，却因疫情的到来而破灭，最终损失惨重。

第二，乡村旅游服务人员就业受阻，导致全年家庭收入普遍下降。乡村旅游活动停滞，与乡村旅游业密切相关的客运、餐饮、旅游商品、民宿等社会服务也长时间处于关闭歇业状态，导致收入下降，带来很多在这类行业就业的贫困户面临暂时性失业的困境，给乡村旅游服务人员的生活造成了极大影响。

第三，农产品销售受阻引发农民经营性收入下降。贫困地区一般会采取发展种植业、养殖业等产业来提供旅游业需要的产品，这样可帮助贫困群众脱贫致富。疫情发生致使部分扶贫产业原料运不进、产品卖不出。“运不出、卖不掉、价不高”极大地影响了贫困地区居民的收入。

第四，贫困地区旅游从业者的心理与信心受到影响。新冠肺炎疫情造成的旅游业的暂时低迷使从业者心理受创。他们一旦对乡村旅游业发展失去信心，所有的旅游扶贫工作变革与进步都将无从谈起。

二、旅游业低迷给贫困地区带来的返贫风险研判

云南省贫困地区大多处于旅游资源丰富的地区，许多农户已经通过旅游业发展实现了脱贫摘帽，但也有部分地区和人群正处于脱贫的关键时期。旅游脱贫的路径不尽相同，云南贫困地区的百姓的收入结构与全国贫困人口相比有一些差别：一是他们的收入既有转移性收入，也有经营性收入，还有工资性收入；二是各个不同的家庭中各项收入所占的比例也是不同的。根据部分贫困县建档立卡农户监测情况看，贫困户家庭有外出务工的所占比例约为 30%，外出务工工资收入占家庭收入比重高达 65% ~90%，外出务工收入是一部分贫困户增收的主要来源。在这些农村贫困家庭外出务工者中，有相当一部分是旅游业，尤其是乡村旅游业的从业人员。这次新冠肺炎疫情导致的旅游业低迷会加大 2020 年脱贫工作的难度，并对已有脱贫成效的巩固造成诸多不利影响，甚至很可能对已经脱贫的家庭造成返贫的风险。归纳起来，此次疫情对旅游从业者中的贫困家庭所造成的不利影响，呈现出短期、局部和差异性特征，并表现

为以下四种不同的类型。

第一种类型，对还没有完全脱贫又主要依靠转移性收入和经营旅游服务获得家庭收入的人群来说，疫情对转移性收入基本没有影响，但对家庭经营收入具有较大影响。旅游业受阻对这些没有脱贫家庭的影响更为直接。如果乡村旅游不能尽快恢复发展，这些尚未完全脱贫的家庭会有重新返贫的风险。

第二种类型，对已经通过经营旅游服务脱贫的家庭来说，他们的平均收入水平远远高于贫困线。即使疫情让家庭收入有所下降，对绝大多数脱贫户来讲，影响是短期的、暂时的，也不会返贫，一旦乡村旅游解冻，这些家庭会凭借丰富的旅游服务经验及时恢复经营活动。

第三种类型，对单纯通过旅游服务来获得工资性收入的家庭或成员而言，虽然他们已经脱贫，但此次疫情对他们的影响较大。因为他们已经长期脱离土地，其主要收入来源于就业工资收入，他们对工资性收入依赖程度非常高。乡村旅游业停滞，可能会让这类人群演变成中、短期性失业人群，存在着极大的脱贫后又返贫的风险，需要根据疫情的发展密切关注并采取有针对性的应对措施。

第四种类型，对为乡村旅游业提供养殖业、种植业产品的家庭来说，即使旅游业停滞会影响到他们经营收入的增加，但是整个社会的生活消费没有停滞。这些家庭的农产品仍然可以通过其他渠道进行销售，疫情对该类家庭的影响有限，因旅游业产生的返贫风险也较为有限。

总体而言，疫情带来的影响是短期和局部的，不会对完成2020年的脱贫攻坚任务造成不可逆转的影响，也不会导致剩余的贫困人口脱不了贫，或者造成已脱贫的贫困人口大量返贫。

三、疫情后贫困地区如何在发展旅游中巩固脱贫成果

宏观层面。第一，各级政府应该引导人们重新认识乡村旅游功能。这次疫情让人们深刻认识到乡村对健康生活的新价值。未来康养旅游将是乡村旅游发展的重要方向。第二，政府要加快完善贫困地区乡村基础旅游设施建设，如交通、通讯、医疗服务、支撑物联网服务的数字乡村建设等。支持贫困地区加快休闲农业和乡村旅游道路、通村公路、景区景点连接线等基础设施。第三，实

施文化旅游提升工程。与乡村振兴战略结合在一起，重新规划乡村与城市之间的关系，再造乡村旅游健康生活新形象。第四，政府在乡村旅游发展中应加强人才教育培训。对未来乡村社会旅游创业多加引导，尤其是随着壮劳力流向城市，乡村建设者匮乏。如何改革要素配置方式、吸引城市里的人有条件、有意愿在乡村发展旅游业，把人才引向乡村、建设乡村应该成为政府政策创新要考虑的问题。第五，政府需要在促进乡村旅游业发展方面制定有力的政策措施。例如，在资金支持上继续加大小微企业贷款力度，加大财税信贷支持力度，满足乡村旅游发展对资金的需要；在土地问题上给予一些特殊的政策。第六，加大对贫困地区农村人居环境、游客环境整治工作指导。鼓励有条件的贫困地区将人居环境整治与发展休闲农业、乡村旅游相结合。

微观方面。第一，支持鼓励农村旅游带头企业、新型旅游经营主体采取“农户+合作社+企业”的模式，在贫困地区建立旅游经营实体。第二，扶助贫困地区贫困户成为旅游服务提供者，将帮扶重点转移到“造血”能力上来，帮助和推进贫困户旅游创业企业成为具有竞争力的市场主体。第三，加强乡村停车场、游客中心、餐饮、住宿等服务设施建设。第四，提升贫困地区乡村旅游交通通达性和游客体验满意度。第五，支持贫困地区通过农旅融合促进旅游业发展。第六，配套乡村旅游食材生产基地，大力发展订单农业，延伸农业产业链，提高贫困地区农产品供给的规模化、组织化水平，增强农产品持续供给能力。

贫困地区旅游业健康发展是一项着眼于长期、立足于目前的工作。从目前来看，第一，要密切跟踪和关注受影响的地区和贫困户的状况，做到心中有数，做好预案；第二，要出台优先引导和保证贫困户就业的措施，一旦疫情缓解，就要全力增加贫困户的工资性收入、经营性收入，把返贫的可能性降到最低程度；第三，应增加公益性岗位的设置，就近提供更多的临时工作机会，解决目前的生活困难；第四，要想办法增加一些手工产品的预定订单，如民族工艺品制作等，为贫困户创造一些收入来源；第五，要适当增加收入水平在贫困线附近的贫困家庭的收入转移，如低保或资产收益扶贫，确保贫困户收入达到基本标准；第六，要加强政府和企业合作，撬动、整合社会资源，搭建市场和农户之间的供需桥梁，加大在线营销力度，通过电商平台，帮助贫困地区宣传推广资源、产品，拓展销售渠道。

后疫情时代云南塑造健康旅游目的地形象的建议

张鹏杨　李　靖

2020 年伊始，一场由新型冠状病毒感染的肺炎（以下简称新冠肺炎）疫情迅速蔓延，全国各行各业均受到较大冲击，尤以旅游业首当其冲。随着疫情逐渐得到控制，国内部分景区开始逐步开放，云南省政府也提出支持旅游业恢复振兴的政策建议。根据中国旅游研究院研判数据，2020 年中国旅游业虽遭受巨大影响，但短期冲击改变不了长期向好的基本趋势。由于旅游业发展的政策面、供给面、需求面并未受到根本影响，后疫情时代旅游业必将迎来恢复振兴。根据云南旅游业的资源特点、发展状况，并结合疫情后旅游消费趋势变化，建议云南旅游业塑造健康旅游目的地形象，围绕“品牌—技术—载体”的思路制定政策，实现云南旅游业疫后振兴与高质量发展协同推进。

一、品牌目标：打造享誉国内外的健康旅游目的地

2018 年，云南省人民政府在政府工作报中提出，打世界一流的“绿色能源、绿色食品、健康生活目的地”三张牌，充分利用云南具有区位、气候、环境、资源、文化、旅游等发展大健康产业的多重优势，全面组织、指导、协调和推进打造世界一流“健康生活目的地”。纵观整个云南旅游市场，随着近两年新的市场机会增加以及高速、高铁、航空等基础设施的不断完善，已经拥有一定发展基础的云南旅游业正按照新的发展路径行进。云南的蓝天白云、绿水青山、特色文化将继续转化为发展优势，“让云南人健康起来、让想健康的人到云南来”，使云南成为世人“健康生活的向往之地”的愿景将全面推进旅游产业的转型升级。同时，此次疫情催化了旅游者对健康旅游需求的发酵。结合市场调研报告，云南省应抓住机遇，响应整体发展思路，同时回应市场新需求，明确未来旅游业的发展目标为“打造享誉国内外的健康旅游目的地”。

二、技术手段：借助数字经济刺激市场需求

“一部手机游云南”作为云南智慧旅游标杆，游云南App、微信公众号和微信小程序的相继发展真正实现“拿手机游云南，说走就走、全程无忧”。其核心是通过“旅游革命+科技创新”，着力解决游客“吃、住、行、游、购、娱”的痛点、难点，输出云南旅游新形象。在疫后旅游发展中，要坚持数字化贯穿到旅游全过程，借助人工智能、物联网、大数据和云计算等新技术，以政府管理服务为亮点，区别化竞争优势，打造统一的云南健康旅游目的地形象。

创新营销策略，借助直播风口推动旅游营销。随着科技进一步突破边界，第五代移动通信网络（5G）将比第四代网络的传输速度提升10倍以上。AI技术，VR技术在5G的加持下可以更好地结合直播，为直播营销带来无限可能。飞猪、马蜂窝、携程等大型旅游在线平台已经推出“旅游直播”频道，通过云在线分享特色美食、精品游玩线路、讲解文化历史、带货旅游特产等。在疫情后的逐步恢复时期，要更加重视线上“直播卖货”或开启“云旅游”的“养粉蓄客”模式，开启新零售“高品质私域流量+公域流量”的创新模式，通过预售和直播快速聚集人气，激活了旅游市场，提振了疫情后的旅游市场信心，并为云南旅游“走出去”找到新的高速路径。

借助互联网营销跨越空间距离，做到入境旅游与国内市场并重。互联网营销就是以国际互联网络为基础，利用数字化的信息和网络媒体的交互性来实现营销目标的一种新型的营销方式。在目前的疫情情况下，国内防控效果良好，云南在3月中旬已实现本土病例新增、确诊双清零，而国外的疫情则成暴发趋势。云南旅游应抓住疫情中国外游客对健康、生态的向往，在重视国内旅游市场的同时，重视入境旅游的宣传推广，提高云南作为健康旅游目的地的海外知名度。

三、发展载体：全域旅游视角下的高质量发展

从旅游供给的角度出发，按照“云南只有一个景区，这个景区叫云南”的全域旅游发展理念，着力构建“大健康+全域旅游+康养+特色小镇”全产

业链条，一体化推进以大滇西旅游环线、滇中崛起、边境开发为载体的全域旅游格局，加快旅游产业转型升级高质量发展。具体策略如下。

云南全域旅游发展将以大滇西旅游环线、滇中崛起和边境开发为载体，其中以大滇西旅游环线为重点，推进一体化的大滇西生态保护。建设大滇西交通环线，全面提升旅游业态，大滇西环线将给游客提供一个既享受绮丽的风光、民族特色，同时也享受智慧、现代的旅游方式。在《云南省基础设施“双十”重大工程工作推进方案》中，将推进实施基础设施“双十”重大工程，主要项目为铁路、机场、高速公路、水利等基础设施，包括渝昆高铁、玉磨铁路、九湖保护、大瑞铁路、昆明至丽江的磁悬浮制高铁等项目。这一重大消息的发布为旅游行业的全面布局带来利好，滇中崛起和边境开发将迎来基础设施建设的新的发展机遇。

迎合疫后旅游需求变化，以新产品、新业态推动云南旅游高质量发展。疫情后自驾游、健康生态旅游产品将成为旅游者需求的重要部分。在全域旅游助推产业升级的载体下，云南旅游产业应着重关注新的市场动态以推动供给侧的高质量发展，迸发出多元的云南旅游新业态。在旅游新产品业态中，融合健康和生态元素，如民族医药、温泉养生、旅居养老、森林露营、房车旅行等，将云南的自然、人文风光优势串联成自由行线路，将健康旅游打造成为云南旅游市场中最具潜力的增长点之一。

《“健康中国 2030”规划纲要》的发布为云南省健康旅游的发展带来了重大机遇。大健康产业涉及的上下游产业众多，包括医疗产品、保健用品、营养食品、医疗及保健、休闲健身、健康管理、健康咨询等多个与人类健康紧密相关的生产和服务领域。在与旅游产业进行产业链打造和完善时，应注重科技创新，着力延伸生物医药产业链，注重基础保障，着力提升康养服务能力，注重健康旅游产业链上下游的协同配合，着力推动文化旅游及大健康产业稳步发展。

总之，政府应考虑从旅游政策刺激、旅游产品优化、旅游营销创新、旅游服务改进等方面提出系列政策，坚持以“健康旅游目的地”作为形象塑造的核心，努力实现疫后振兴和高质量发展协同推进。

新冠肺炎疫情对云南民宿业的影响

秦 岩[1] 代志鹏[2]
（1 云南民族大学管理学院；2 云南民族大学社会学院）

云南省是我国民宿发展最早的地区之一，民宿与旅游的结合十分紧密。2015 年，国务院发布《关于加快发展生活性服务业促进消费结构升级的指导意见》，首次点名“积极发展客栈民宿、短租公寓、长租公寓等满足广大人民需求的细分业态”，云南省民宿业进入高速发展期。尽管如此，民宿作为一种新型的住宿业态，尚未形成一个权威而准确的概念。2019 年，文化和旅游部发布的《旅游民宿基本要求与评价》（LB/T065–2019）规定了旅游民宿的定义和评定标准。旅游民宿是指“利用当地民居等相关闲置资源，经营用客房不超过 4 层、建筑面积不超过 800 平方米，主人参与接待，为游客提供体验当地自然、文化与生产生活方式的小型住宿设施”，包括但不限于客栈、庄园、宅院、驿站、山庄等。上述的旅游民宿是否就是民宿，业内仍存在较大争议。另外，《云南省旅游民宿建设与管理规范》中明确规定了分散于公寓楼、居民小区内单间（套）经营并冠以“民宿”名称的网约房，不认定为民宿范围，纳入出租房治安管理范围。换句话说，在国外发展成熟的共享住宿模式，在国内并未获得合法化地位。因此，本研究中的民宿不包括网约房。在 2019 年年底推进的云南省“旅游革命”考核工作中，各州市文化和旅游部门以《旅游民宿基本要求与评价》（LB/T065–2019）、《云南省旅游民宿建设与管理规范》为依据，向云南省文化和旅游厅推荐了 1510 家参评单位申报创建五星级、四星级旅游民宿。笔者有幸收集到了其中 1160 家星级旅游民宿的申报材料和基本信息，并实地走访调研了近 1000 家。本文以这些数据为基础，着重分析 2020 年新冠肺炎疫情给云南省民宿业发展带来的影响。

一、受冲击最大的是2019年开业的新店

在收集到的1160家民宿材料中，2019年以来开业的旅游民宿有173家，占比15%；其中有67家民宿业主没有填写2019年的营业收入或者填写为0，剩余的106家平均营业收入为46万元；其中10万元以内的有20家，50万元以上的有32家。在173家民宿中，利用自有房屋开办民宿的有25家；外来经营者通过租赁当地居民房屋参与民宿经营活动的占比超过85%，平均投资207万元；投资总额在1000万元以上的有10家。对这些民宿而言，签约时的房租价格在高位，大量资金用在装修、营销等前期投入上，还没有开始回流，几乎承受不起任何波折。

二、面向国际客源的民宿将长时间陷入低谷

不同于省内其他区域，大理沙溪古镇借助中瑞合作项目扬名海外。2018年，沙溪古镇接待入境游客9.1万人次，占沙溪古镇游客接待总量的7.2%，过夜率达到100%，平均停留时间为2.6天。其中欧美客源占到80%左右。沙溪古镇现有民宿258家，有大量的民宿以接待国际游客为主，客户推荐、口碑营销是这些民宿的主要营销手段，而本次疫情势必会对国际营销的有效性产生影响。疫情持续的时间越长，这些民宿开拓国际市场的难度将越大，客户流失率越高。

三、高度依赖线上旅行社（OTA）平台的民宿需要警惕低价恶性竞争

相比星级酒店，民宿的体量普遍较小。在1160家研究样本中，71%的民宿房间数在15间以下，88%的民宿床位数在30个以下。小、散、弱的特点决定了民宿营销和销售高度依赖OTA平台，占比超过90%；其中，只有OTA单一营销渠道的民宿占75%，同时采用OTA、微信、微博、抖音自媒体营销的占8%，与旅行社另有合作的占5%，靠朋友推荐、客户推荐、老带新、回

头客的占 6%，全渠道营销的占 2%。通过“一部手机游云南”平台进行宣传的微乎其微，民宿业主普遍反映通过该平台订房的人数极少。考虑到疫情结束后民宿市场需要重新培育，而绝大多数民宿缺乏品牌知名度，若想在成千上万的民宿中脱颖而出，置顶推荐、网页排名成为关键，价格战、回扣战势必成为各民宿争夺 OTA 客源的主要手段。调研中大量民宿业主反映，携程、去哪儿网、艺龙、美团等 OTA 平台不能如实反映民宿的真实情况。很多 OTA 平台通过民宿给的回扣高低来推送民宿的信息，给的回扣高的民宿会位于首页置顶，真正有特色、高品质的民宿反而得不到推荐；低端、低价民宿无序发展，又会整体拉低民宿品位和区域形象，最终将民宿业推入低价恶性循环的怪圈。

四、两类民宿业主受疫情影响最小

一是利用自有住房改造民宿的业主。在 1160 家研究样本中，利用自家闲置空间开办的民宿有 292 家，占 25%。292 家民宿中自营的有 282 家，占 96%，委托管理的占 4%；投资总额平均为 527 万，是外来经营者民宿投资平均数的（289 万）的 2 倍；平均房价在 50~200 元，又远低于外来经营者开办民宿的房价。其中，价格 100 元以内的有 67 家，占 23%；100~200 元的有 90 家，占 31%；1000 元以上的有 13 家，占 4.4%。上述民宿性价比较高，平均出租率在 50% 以上；营业收入稳定，10 万元以内的有 45 家，占 15.4%，20 万元以内的有 103 家，占 35.3%，30 万元以内的有 135 家，占 46.2%，超过 100 万元的有 55 家，占 18.8%。员工人数 1~3 人的民宿占 49%，超过 10 人的占 8%，且多为自己家人或亲戚。在本次疫情的冲击下，这些自有住房的民宿业主，无房租压力，房价、用工成本低，具有较强的抗风险能力。

二是经营时间超过 5 年以上的民宿业主。近年来随着民宿的走红，多元资本和力量在短时间内的大量涌入加剧了民宿市场的竞争，装修、租金等前期投入也一路水涨船高。投入实际运营之后，按照民宿中端市场的行情，一个客房的日定价在 300~400 元 / 间，民宿的平均入住率在 7 成左右，将人员工资、日常损耗都计算在内，一栋民宿的投资回报期约在 3~5 年，5 年后运营成本低，客源群体稳定，抗风险能力强。在 1160 家研究样本中，2015 年以前开业的民宿有 107 家，占 9%。107 家民宿中投资总额 100 万元（含 100 万元）以下的有 18 家，其中外来业主有 6 家，投资总额平均为 89 万元，平均房价 210 元，平均出租率 69%，早就收回投资，2018 年营业收入平均为 33 万元；投资总额在 1000 万元以上的有 11 家，其中外来业主有 4 家，平均房价 800 元，除有 1 家尚未收回投资外，其他 3 家都处于持续盈利阶段。

五、丽江、大理的民宿或将迎来重新洗牌

在参评的 1510 家星级旅游民宿中，丽江市和大理州推荐的民宿合计 884 家，占比超过了 58%。实际上，丽江的民宿数量已超过 4000 家，而大理市的民宿也超过 2400 家。这两地的民宿扎堆发展，处于供过于求的饱和状态，同质化、商业化严重，低价恶性竞争明显，盈利空间不断收缩，民宿竞争进入白热化阶段。据了解，丽江市的民宿 50% 亏本，30% 收支平衡，20% 盈利。目前，丽江古城民宿转让率非常高，2~3 年转手一次，新业主签的都不是原房东，大多是二手或三手甚至七八手。据估算，市场上的“二房东”占到六成，靠租房子来建民宿，只有持续不断的订单和稳定的现金流才能维系平衡。本次疫情对那些在高位上转手拿到房屋的民宿业主而言损失惨重，继而引发新一轮转让潮。大理则因为配合洱海整体提升改造工程，环洱海区域如大理双廊、挖色以及洱源等地的近千家民宿经过重新装修后，于 2019 年开始陆续恢复营业。但由于停业两年多，民宿重新开业的消息并未广泛传播。因此，民宿入住率不是很高，再加上新冠肺炎疫情的影响，更让他们的经营雪上加霜。可以说，经过这次打击，丽江、大理的民宿会淘汰更新一部分。

六、民宿发展两极分化的现象将进一步加剧

一是热门区与温冷区之间的分化。丽江、大理、保山、迪庆 4 个州市共推荐民宿 1184 家，占比超过 78%。这些热门区域的民宿基本实现转型升级。民宿的经营主体以受过高等教育的外来者为主，如大理双廊古镇有民宿 393 家，

基本分成广东、四川和本土三大流派；民宿品质高、特色明显，已形成区域性品牌，疫情过后市场容易回暖。昆明市只推荐了 10 家，品质不是很高，与其作为成熟旅游目的地的形象并不相符，原因主要有三点。第一，区内多是城市居民小区，住宿业态以网络认证的网约房为主；第二，开设在别墅区内的高端民宿，由于房屋产权性质、建筑结构、装修设计、消防规定等原因，基本无法取得消防、公安、卫生等部门颁发的证照，而证照齐全是本次星级旅游民宿参评的必备条件，例如，滇池国家旅游度假区摸底的 100 家民宿中，只有云南民族村附近的 15 家取得所有证照，而海埂大坝周边别墅区内的民宿基本都是无证经营或者只有营业执照；第三，昆明下辖的区县旅游业发展相对滞后，民宿数量少、品质低，一定程度上反映了昆明市旅游业发展的不平衡性。相比而言，临沧、怒江、昭通、德宏等区域，民宿业发展尚处于起步阶段。这些地区的民宿虽然租金相对较低，但在地理位置偏远、淡旺季分化、营销成本过高、入住率低、疫情影响下区域旅游业较长时间内难以恢复元气等多方因素的共同作用下，投资回报期将更长，势必会极大地挫伤民宿业主的投资积极性。

二是城镇民宿与乡村民宿之间的分化。据统计，70% 以上的民宿集中在丽江古城、大理古城、独克宗古城、建水古城、巍山古城、剑川古城、束河古镇、双廊古镇、沙溪古镇、喜洲古镇、和顺古镇、彝人古镇等地，古城古镇民宿业已进入成熟发展期并呈现出规模效应，民宿的发展建立在对旧民居的改造提升之上，以重塑契合市场需求的核心吸引力。而乡野区域的民宿，多由村民自建自营，无证经营占比较高，市场化运作程度低，品质较差，尤其卫生条件堪忧，如怒江、普洱等地的乡村民宿设施简陋，隔音效果和卫生条件不尽人意，难以满足城市游客的消费需求。本次疫情加速了大众安全卫生意识的普及和提高，游客对民宿的公共卫生提出了更为苛刻的要求。调研发现，腾冲银杏村、洱源梨园村等仍属于“农家乐”经营模式，装修风格雷同、档次低、服务差，基本没有体验性民宿活动，消防、排污、卫生、食品安全等也达不到国家相关标准。目前，做得较好的乡村民宿大多引入了外来投资者，如宾川鸡足山镇、文山普者黑。宾川县高品质民宿主要分布在鸡足山景区周边，以鸡足山镇为主，现有民宿 200 多家，证照齐全的民宿有 100 多家；很多外来投资者都以“租金 + 分红”的方式与房东合作经营民宿，房东出地，公司负责装修和运营管理，风险共担，因此，疫情带来的负面影响小。这些外地人投资运营的民宿，对本地民宿发展起了较大的示范带动作用，周边村民通过模仿学习不断改造提升自家民宿品质，一改“农家乐”遍地开花的局面。参与本次星级旅游民宿评定的 18 家民宿，品质较高，特色突出，具有较强的代表性。

总之，民宿本来就是一个利润低、回报率低、投资回报时间长的行业。从长远看，此次疫情打击了云南省泡沫化的投资热潮，反而有可能让民宿行业回归本质，进而推动云南省民宿业走出一条规范化、特色化、品质化、品牌化之路。

“疫”火重生，云南文旅形象优化正当时

云南民族大学　陈永涛

2020 年 6 月 7 日，《抗击新冠肺炎疫情的中国行动》白皮书向全球发布。该白皮书真实记录了新冠肺炎疫情在中国的发生、发展过程及中国人民抗击疫情的行动、经验。自 2019 年 12 月 27 日湖北省武汉市报告不明原因肺炎病例，至 2020 年 3 月中旬新冠肺炎疫情取得阶段性成效，每日新增病例控制在个位数，至 2020 年 4 月 26 日武汉市新冠肺炎住院病例清零，中国取得疫情防控重大战略成果，4 月 29 日以来中国疫情防控进入常态化阶段。在这场“近百年来人类遭遇的影响范围最广的全球性大流行病”面前，中国人民听从国家统一指挥，全民参与防控、隔离，有效阻断了病毒的传播链条。新冠肺炎疫情的蔓延不仅对人们的生命安全和健康产生重大威胁，还对社会各行各业产生巨大冲击。作为人际交往密切的行业，旅游业受到的冲击尤为突出。新冠肺炎疫情后，人们可能会在思想上产生哪些变化，云南文旅形象该如何完善、优化是本文思考的重点。

一、新冠肺炎疫情居家隔离的启示

新冠肺炎疫情下，为阻断病毒在人群之间相互传播，最大限度减少疾病对全国人民的伤害，我国做出了提倡春节不出门、商店不营业、百姓不走动的重大决定。宅在家里成为大多数中国人最安全的选择。在史上最长的居家隔离期间，人们在难得的平静里，思索着未来，思考着人生。新冠肺炎疫情之于中国、之于人民大众，未来可能会产生哪些生存思考？概括来说，以下几点将可能会成为共识。

（一）生命第一

作为地球上最为聪明的高等动物，人类无疑是具有极大优越感的。在这种优越感的诱惑下，有些人开始变得肆无忌惮，饮食上百无禁忌，生活上穷奢极欲，思想上飞扬跋扈。然而，当一场生死大考来临时，许多人发现生死才是最重要的。

（二）吃要健康

21 世纪前 20 年，中国发生了两次重大疫情，一次是“非典”，另一次新冠肺炎。人们最初都怀疑野生动物是病毒的来源。然而，无论源头追踪到哪里，有一件事已经在中国人的心里达成了共识：饮食须健康。可以预见，疫情过后中国将会比以往任何时候更加重视食品安全问题。

（三）学会生活

生活的本质是什么？这个看似是哲学的问题，在疫情期间开始被更多人关注。普通人的生活其实很简单，该工作时工作，该休息时休息，危机来临时需要承担起责任，危机过后需要放松心情，生活的本质是在工作与休息之间求得平衡。

二、云南省文旅形象优化的背景

云南省汇聚了中国最耐看的风景。云南省六大旅游区异彩纷呈，滇中洋溢着春天的气息，滇西北矗立着别样的古城，滇西南流淌着醉人的江河，滇西蜿蜒着淳朴的边境，滇东南绘制着彩色的田园，滇东北铺陈着绚丽的红土。自改革开放以来，云南省便吸引了国内外众多旅游者关注的目光。云南省采取“走出去”与“请进来”相结合的宣传策略，在不同的历史时期，分别塑造了“秘境云南”“彩云之南”“七彩云南”旅游形象。2005 年以来，“七彩云南，旅游天堂”的品牌形象更是深入人心，云南省取得了旅游“二次创业”的巨大成效。然而不可忽视的是，自 2012 年以来，云南省文化和旅游形象在众多因素影响下，正经历着持续不断的冲击。其中最为突出的是以下几个方面。

（一）云南旅游乱象

2012 年年初，央视播出了题为“云南旅游乱象”的报道，反映导游变导购、零负团费和旅游购物高额佣金问题。自此以后，“云南旅游乱象”频频成为电视新闻频道、网站、博客、微信等各类媒体争相报道的热门话题。那个曾经的四季如春、待人温和、风光绮丽的七彩云南，成为许多人诟病的对象。每逢节假日、黄金周，云南文化和旅游主管部门、各级涉旅相关单位全神戒备、心惊胆战。政府相关部门不作为、服务水平低、眼中只有利益成为许多网友、舆论媒体声讨云南旅游的重要原因。更有甚者，一些未经严格审核、肆意捏造的云南旅游“奇遇故事”也成为某些媒体博取大众眼球、赚取网络流量的工具。尽管云南各级政府为扭转负面报道冲击做了大量解释、通报、宣传工作，对涉事旅游经营单位进行了严厉处罚，但效果并不明显，旅游者与“旅游天堂”的裂痕不断加大。

（二）智慧旅游平台

为及时扭转各类新闻报道对云南旅游形象的伤害，2017 年 4 月，云南出台“史上最严”二十二条旅游市场秩序整治措施。云南以壮士断腕的决心向国内外旅游者宣布，从旅行社、导游、景区和政府履职等环节的“症结”着力，整治市场“顽疾”。为充分利用网络信息技术服务于旅游管理，2017 年 8 月，云南省提出打造“一部手机游云南”平台。2018 年 3 月，“一部手机游云南”App 上线试运行。最为重要的是，“一部手机游云南”重点强化了“诚信体系”和“一键投诉”两大核心功能。按照“诚信经营一路畅通、失信违法寸步难行”的原则，构建了对企业经营管理的诚信评价指数体系；按照“一键投诉、及时响应、分级受理、联动处置、实时反馈”的要求，健全完善了投诉案件分类分级处理机制和横向部门联动机制。智慧旅游日益成为云南旅游市场秩序整治和旅游产业转型升级的重要抓手。

（三）旅游消费升级

2015年，中国人均GDP接近8000美元，2019年，中国人均GDP超过10000美元。中国经济的快速发展，为旅游消费升级提供了可能。与以往相比，旅游消费更加重视品质化、个性化、智慧化。与品质化相对应的是数量化，中国集中式出游在2010年前后达到顶峰。为避免集中式出游对旅游地造成过大的生态压力，2008年国家取消了“五一黄金周”。2009年，《国务院关于加快发展旅游业的意见》（国发〔2009〕41号）发布，其主要任务包括优化旅游消费环境，培训新的旅游消费热点等。2013年年初，《国民旅游休闲纲要（2013—2020年）》发布，主要目标是职工带薪年休假制度得到落实，国民旅游休闲质量得到提高，一系列旅游政策的出台，为旅游品质化建设提供了坚实的基础。人们也逐渐告别了过去那种节假日排浪式消费行为，旅游活动得以更优雅、更闲适、更放松的面目出现。与此过程紧密相伴的是智慧旅游在中国的广泛宣传和推广，2014年中国智慧旅游年提出，要用10年左右的时间，推动网络信息技术在旅游管理、旅游服务、旅游营销方面得到广泛应用；旅游的个性化、智慧化倾向为旅游者的出行提供更贴心、更温馨的帮助。

三、云南文旅形象优化的思路

2018年云南两会期间，云南省提出打造“绿色能源”“绿色食品”“健康生活目的地”三张牌，为云南高质量发展注入新动能。三张牌实施以来，云南旅游地形象正在悄然发生变化。熙熙攘攘的扎堆式纯观光旅游少了，在各类旅游新技术加持下，旅游者或自驾，或错峰，悠闲地徜徉在云南的山山水水之间，探访古民居，结识新朋友，平时习以为常的平静水岸，忙碌时被自己忽略的天上流云，常常会感动、触动一大批同行者。比较典型案例有，2019年，省外旅游者来昆明不看山、不看景，仅仅想在抚仙湖畔发发呆、住住店；2018年，昆明篆新农贸市场成为网红打卡地，旅游者在地方菜市场边逛边吃，不知不觉中融入当地生活。

（一）打造生活气息的云南文旅形象

云南的文旅形象塑造是个难题。国内外旅游者的需求千千万，云南的文旅资源又何止上百千，这就给云南文旅形象打造带来挑战。从最开始的神秘、神远、神奇，到后来的五彩云南、七彩云南，每一个来到云南的旅游者都有自己的感悟和定义。2017 年中国昆明国际旅游交易会期间，云南省在原先“七彩云南，旅游天堂”的基础上，提出“云南只有一个景区，这个景区叫云南”。这既是对国家全域旅游战略的回应和落实，同时也说明多样性是云南旅游最为突出的特点。进入大众旅游时代以来，支撑云南旅游业发展的已不是过去单纯的景区（景点）。从文旅部门市场调研的信息看，自驾游、自助游已成为云南旅游市场的主体。为应对这种变化，云南将整个省份看成一个景区，全力打造“一部手机游云南”平台，强化设施配套，重视市场环境整治，让旅游者来云南游得安心、放心、贴心、开心、舒心。旅游者在云南所接触的游览对象更加宽泛、更加接地气，仅仅靠“旅游天堂”不足以说明一切。

打造云南文旅新形象需要从两个维度出发。一是寻找旅游的本质。过去的旅游活动，人们探新猎奇的心态多一点，现代人的旅游已远远不能用观光、游赏的功能来概括。旅游是一种生活，是生活在别处，是对日常生活轨迹的逸出，经过短暂的停留后再次以饱满的状态融入日常生活。因此许多人说现代社会旅游是一种刚需，是一种新的生活方式。二是寻找云南的精神。在过去的一段时光里，由于各类媒体的负面宣传报道，云南旅游似乎已被逼入穷巷，但仔细思考却远非如此。不可否认，云南旅游存在问题，作为云南的支柱产业，如果不重视这些问题，云南旅游就难以转型升级，适应时代发展。但更令人惊奇的是，在多重负面报道之后，云南旅游仍在负重前行，这说明云南旅游基本面没有受到根本损伤，旅游者对云南的认知仍是清醒的。仅仅因为“天价大虾”“天价海鲜”毁了一个地方的案例在国内并不少见，但云南仍能在本次疫情后成为国内旅游者最为向往的旅游目的地，说明云南精神支撑下的云南文旅前景光明。具体来说，云南精神包括三层含义：一是纯朴，云南是全国少数民族类别最多的省份，淳朴的民族性格是印在骨子里的；二是多元，云南不同的州市，不同的文化，在云南的山山水水中都可以和谐共存，和平共处；三是包容，云南不排斥外来者，不管是经商、求学，还是探亲、访友，云南人都可以泰然处之，有饭大家吃，有路一起走。因此，未来十年，云南文旅新形象应朝着生活化、全域化、平民化方向着手，展示烟火气的云南，展示有生活气息的云南。

（二）选择疫后新的旅游形象推广时机

新形象的推广不能无缘无故，需要借助特殊的事件和时机。“秘境云南”的推出和强化，得益于中国改革开放的事业，破解了外界对云南的模糊认知。中华人民共和国成立以来，对欧美发达国家来说，遥远的东方是个神秘所在，而在中国西南边疆，云南更是神秘中的神秘。道路难行，信息封闭，外部对云南的了解途径极其有限。在网络信息不发达的年代，云南省抓住一切可以利用的机会，利用传统媒体的力量向外界发声，邀请外界来到云南省实地感知。1995 年至 2005 年 10 年间，是云南支柱产业建设的关键期。云南省又一次借助政策机遇和发展机遇，全力塑造“彩云之南”文旅形象。1996 年，云南省第六次党代会确立了旅游支柱产业地位。1999 年昆明世界园艺博览会的举办，使云南省文旅形象向全球营销。2005 年以来，有感于周边省份旅游的激烈竞争，云南省“二次创业”提出“七彩云南，旅游天堂”新形象，同时为应对世界性金融危机，云南省对文旅形象宣传投入更多精力。时至今日，“七彩云南”已成为云南的代名词。可以看出，云南省历次文旅形象的塑造和推广都不是心血来潮，随性而为。文旅形象的塑造有其自身的规律，文旅形象的推广需要找准时机。在新的历史节点上，云南迎来了文旅形象推广绝佳期。

云南旅游乱象推动云南优化原形象，更新新形象；智慧旅游平台要求云南形象更有情怀，更有故事；旅游消费升级促使云南形象更有品质，更有生活气息。40 年旅游发展的经验是云南省无比宝贵的财富和底气，旅游者对云南的认可是新形象推出的基础和要求。新冠肺炎疫情期间，一项由中国旅游研究院、携程旅游发起的旅游意愿调查显示，云南是旅游者疫情过后最向往的地方。因此，选择疫情过后这个时间节点，适时推出云南文旅新形象水到渠成。

（三）鼓励民众参与的推广营销机制

传统的营销体系下，由企业或政府推广文旅形象是一种常态。得益于这种推广机制，云南省级层面、州市级层面都有许多成功的案例，如昆明市“昆明天天是春天”形象广告案，云南省在央视黄金时段对“七彩云南，旅游天堂”的推广、在美国纽约时代广场大型展示屏等。云南旅游的做法和经验在很多时候成为全国其他兄弟省份借鉴和模仿的对象。一时间，“印象系列”“** 之恋系列”“旅游演艺”在全国各地呈风起云涌之势。

然而，回顾云南旅游营销推广的历史可以发现，云南早在 10 多年前举办的旅游形象大使选拔大赛是目前最为流行和科学的推广机制。旅游营销的目的在于获得受众的认知和认可，而让民众参与、增强主体感是营销界屡试不爽的成功经验。2015 年以来，以快手、抖音为代表的短视频社交软件成为现代年轻人展现自我的平台；在不经意间，短视频很快演变为旅游目的地营销的黑马。2017 年，歌手赵雷一曲《成都》，让成都“玉林西路”“小酒馆”成为众多旅游者必游之地；2018 年，重庆“洪崖洞”频频出现在抖音视频，洪崖洞成为当年“五一”节旅游者标配打卡地。近年来，随着移动互联网技术的成熟、升级，4G、5G 智能手机成为年轻人出行的旅游利器。云南文旅形象推广在继续传统营销机制的同时，需要将更多力量放在民众参与式营销上，旅游者的感知最真实、最富感染力。疫情过后，让旅游者亲自发声，用视频、图片、文字还原一个真实的云南，一个可亲可近的生活云南，比自我解释、宣传更有成效。

会展节庆发展策略研究

谢洪忠　朱　韬　龚　娣　王　光　项锦宇

（云南财经大学旅游与酒店管理学院　云南省旅游规划研究院会奖旅游研究基地）

2020年1月以来，新冠肺炎疫情在国内外暴发。会展节庆因其具有聚集性、接触性、流动性、参与性、体验性等特性，同时又有习俗和时令要求，因此极易受到突然性、破坏性、冲击性事件的影响。此类影响不仅是会展节庆的停办、延办，更是对会展节庆举办机构以及会展节庆所服务的各类产业和区域的沉重打击，对产业经济和区域旅游活动都有强烈的影响。本文将重点分析疫情导致的会展节庆等停摆情况以及停摆所带来的影响，从而有针对性地提出应对措施，减少会展节庆市场的损失，促进会展节庆市场的恢复和发展。

一、停办及取消情况

自1月20日起，受新冠肺炎疫情影响，各项会展节庆纷纷取消或者停办，国内外以及云南省内的众多会展节庆受到影响，对会展节庆市场造成巨大冲击。根据各地疫情防控的要求，各类聚集性、群体性的会展节庆一律取消，包括春节期间的庙会等传统群体性的活动。

（一）云南方面

自1月底起，云南省公安厅发布《云南省公安厅关于取消2020年春节期间各类大型活动的公告》，昆明市商务局发布《关于暂停举办会展活动的通知》，在政策层面叫停会展节庆活动的举办。初步统计云南从1月底到4月底，甚至到6月各项会展节庆都已取消和延期。云南1月至6月常态化、时令性强的会展节庆等都被取消，大约有80个节庆被取消或延期，如丽江纳西族三多节、罗平国际油菜花文化旅游节、玉溪市新平县花腰傣花街节、文山州丘北苗族花山节等。2020第五届中国—南亚博览会（南博会）、2020第三届昆明消防展览会、2020中国华夏家博会（昆明）、2020第二届国际人工智能与智慧生活应用博览会（昆明智博会）等8项展会停办或延期。原计划的2020年联合国生物多样性大会框架工作组第二次会议也从昆明改到了意大利罗马举行。

（二）国内方面

据中国会展门户网站初步统计，截至2020年3月6日，宣布取消、延期的展会有280多项，涉及汽车、新能源、家居、服装、光电、人工智能、光伏、酒店、食品、文化旅游等各行各业的展会。例如，重庆都市文化旅游节暨城际旅游交易会、上海国际酒店与餐饮业博览会、普洱国际精品咖啡博览会、成都国际宠物博览会、中国（北京）国际房车露营展览会、深圳国际休闲旅游展览会、亚洲商务航空大会及展览会（ABACE2020）、亚洲园林景观产业博览会等。据业内专家测算，自疫情暴发以来受疫情影响的境内展会近3500场，涉及展出面积5000万平方米，产值2000亿元以上。根据中国展览馆协会调查显示，会展企业估计损失超过100万元的达66.15%，50万~100万元的为16.92%。中国会展经济研究会问卷调查298家企业的反馈中，估计年营收减少50%以上的企业有136家，占45.64%；估计损失40%的企业有62家，占20.81%；估计损失30%的企业有60家，占20.13%。

（三）国际方面

据不完全统计，有80多项重要国际会展和行业年会延期或取消，几乎涉及各大洲国家和地区，包括德国、日本、新加坡、澳大利亚、马来西亚、巴拿马等地的展会，如原定于2020年4月25日至4月27日在日内瓦举办的国际表展也宣布取消，还有世界移动通信大会（MWC）取消。MWC是世界上规模最盛大的移动通信贸易展览会，是苹果、华为、三星、高通等通讯领域巨头向世界展示最新成果的盛会。此外，意大利米兰家具展、巴黎和米兰时装周、德国亚洲服装及配饰博览会、巴拿马国际贸易博览会、中国香港巴塞尔艺术展、日本东京国际特许经营展览会都推迟或取消了。脸书、微软、索尼、丰田等巨头也取消了年会、开发者大会和营销峰会。除此之外，还有多项体育赛事、演唱会等取消。全球大规模的经济文化交流活动几乎都按下“暂停键”。

二、行业所受冲击及影响

大量会展节庆延办、停办和经损失的背后，是疫情给会展节庆本身及其背后各行、各业、各区域带来的深层次影响和问题。主要表现在以下几个方面。

（一）会展节庆影响涉及面广，对经济冲击力强

会展节庆活动筹备时间长，国际会展节庆筹办以及参与人员往往跨越多个国家，会展节庆筹办、运营涉及多个行业、多个领域、多个区域。会展节庆活动停办或取消，意味着会展节庆主办方人流、现金流、企业运行全面停摆，受到巨大冲击。在会展节庆项目取消、延期后，场馆运营方面临档期的不确定性；会展主办方面临参展商、采购商意向的不确定性；会展服务商面临主办方预算、价格等不确定性等多重风险；会展全产业链和上下游各种经济关系和活动完全被打乱，会展所服务的企业经营陷于困境。

（二）会展节庆主办方承受了巨大的举办风险

会展节庆运营机构中，政府、国有企业以及完全市场化的会展节庆公司在新冠肺炎疫情影响下无一幸免，各类承办企业面临较大的损失，原来付出的时间、精力和资金都浪费掉。策划设计、展台布展、物流运输、招展广告、公关营销、报关通关等业务占用企业大量资金和人力资源。停办意味着投入难有回报，企业失去了重要的收入来源，中小微企业难以为继，面临人工、场地租金压力，成本增加，现金流匮乏，企业濒临倒闭破产。

（三）会展节庆生产性的服务作用难以有效发挥

随着会展节庆活动的取消停办，破坏了会展节庆活动的连续性、稳定性。会展节庆对各行各业营销宣传、市场拓展、广告效应、旅游活动的带动全面弱化，其生产性的服务作用发挥受限。同时，随着会展节庆的取消停办，会展节庆举办方的各种活动中止，场馆租金、人员雇用、研发创新、产品制造、物流

运输、住宿餐饮、旅游活动等支出相应减少和消失，对举办地和参展各方造成重大影响。

（四）减少了旅游目的地的旅游人次和旅游消费

会展节庆的延办和取消，对于目的地的品牌形象、品牌推广以及品牌营销等，难以发挥应有的作用，降低了旅游目的地的吸引力和游客到访率，影响到举办地的旅游人数、旅游消费。会展节庆与旅游良好的互动关系被打乱。

三、对策措施及建议

（一）加大减税降费力度，减轻企业负担

对于会展节庆运营各方降低税率，减免税收、社保缴费、场地费、进场费、布展费、物流费、通关费等，返还失业保险费，鼓励地方减免疫情期间会展设施房地产使用税等。国家层面尽快降息降准，增加信贷向中小微企业倾斜的力度，提供低息甚至无息贷款，切实降低企业的融资成本等。会展节庆各级主管部门应积极协调地方财政、金融、保险等部门，扶持中小微会展节庆举办企业，将会展节庆主办方、场馆运营方、会展服务商纳入政策扶持范围，制定扶持措施，落地实施，帮助相关企业疫情后尽快复苏。对于疫情期间不裁员、不降薪的会展节庆企业给予资金扶持，退还部分税收。根据企业疫情期间的具体需求，合理调整会展专项资金的使用方法，确保企业能够将专项资金真正用在需要的地方。

（二）确保会展节庆存量，盘活会展节庆市场

确保联合国生物多样性大会、南博会（商洽会）、澜沧江—湄公河次区域合作论坛等重大会展节庆活动能顺利进行。在疫情常态化防控状态下，继续推进与东南亚、南亚国家间会展节庆方面的交流与合作，进一步恢复贸易相通、民心相通、文化融通，利用会展节庆活动，推动云南对外交流，促进“一带一路”沿线区域经济增长。对于泼水节等节庆活动，充分利用西双版纳、德宏等

地的气候条件，不受限于某一天，应在一段时间内让游客参与并体验，展现傣族民族文化风情，因而可延续到暑期和“十一”黄金周，让游客感受到民族特色文化。

（三）推出更多会展节庆品牌，线上线下相结合

总体上看，云南省高水平、高知名度的品牌会展数量很少，部分大中型场馆一个月只有一次展会，远远落后于国际同类展馆一个月举办十多次各类展会的水平，对云南省及国内的产业发展贡献不大。应积极主动多办能够帮助行业、企业走出困境的展会，宣传新产品、新技术、新工艺、新品牌，树形象，扩需求，补短板，有效解决供需矛盾，帮助企业高质量发展，发挥会展节庆生产性服务业和生活性服务业的作用，提高会展节庆举办的能力和水平，为企业复苏和高质量发展做出应有的贡献。发挥线上的优势，通过大数据、云计算、人工智能、5G、区块链、物联网等技术助力线上展会，同时帮助线下展会提升营销和举办的效率。积极将线上展会节庆活动与具有生动、形象、互动、现场感等特点的线下展会相结合，充分发挥线下会展社交、宣传、营销、市场拓展的功能。

（四）打造集举办展会、节庆、旅游、特色小镇、文化公园为一体的会展旅游综合体

发挥滇池国际会展中心、昆明国际会展中心的龙头综合体带动作用，加快企业重组步伐，提高场馆利用率，推出更多的展会，为办展和参展企业减免费用；整合会展节庆各类资源，抱团取暖，形成集建设、策划、设计、场馆、运营、布展、物流、通关、危机应对等功能为一体，能完成会展节庆“一站式”服务的大型会展节庆旅游集团，为各行各业的尽快复苏贡献力量。

（五）切实解决云南省各地会展不平衡不充分发展的问题

云南省应有 3~5 个区域性的会展节庆旅游目的地，打造为辐射东南亚、南亚的会展节庆旅游目的地和中心，发挥昆明、德宏、红河自贸片区的优势，南向发展，举办面向东南亚、南亚的会展节庆等人文交流活动，增加会展节庆活

动外向性，提高会展节庆的国际知名度，扩大会展节庆品牌效应。

（六）打造十大文化节庆旅游品牌

现在云南省节庆“五个一”相对有知名度，即一瓢水（泼水节）、一把火（火把节）、一朵花（油菜花）、一场舞（目瑙纵歌节）、一捧泥（摸你黑，佤族司岗里摸你黑狂欢节）。然而，基于云南特有的民族文化风情和丰富的自然资源，还有更多的节庆品牌值得打造。例如，民族性的白族三月街、傈僳族阔时节、永仁彝族赛装节、丽江三朵节、布朗族关门节、丘北普者黑花脸节、丘北苗族花山节、中缅胞波狂欢节、中国墨江北回归线国际双胞胎节暨哈尼太阳节，还有和物产等相关的节日，如茶、咖啡、野生菌、天麻、三七等文化旅游节等。因而，云南在节庆品牌的打造方面，可以确立“十个一”工程，着力从现有节庆活动中，挑选出更多的节庆，努力打造十大节庆品牌。此举可增强节庆的文化性、体验性、参与性，使其成为吸引游客的亮点和名片。

总之，这次疫情让我们看到了云南会展节庆行业的脆弱性，应对风险的能力还不强，短板明显，作用还未发挥，所以，应积极抓住疫情平稳向好的态势，主动出击，抓住机会。坚持做大做强会展节庆特色产业和业态的初心，发挥好会展节庆生产性和生活性现代服务业的作用。

在经历传染猛烈和范围扩散广的新冠肺炎疫情之后，相信云南会展节庆还能保持强大的生命力和活力，增强抵御各种风险的能力，助力解决全社会各行各业面临的挑战和压力。

餐饮业就业市场分析与对策建议

李　颖　田芙蓉

（昆明学院旅游学院）

一、引言

新冠肺炎疫情暴发以来，国内生产和消费受到了巨大冲击。据国家统计局数据统计，2020 年一季度，我国 GDP 同比下降 6.8%；其中，第一产业同比下降 3.2%、第二产业同比下降 9.6%、第三产业同比下降 5.2%[①]。新冠肺炎疫情对第三产业中的中小微企业的影响尤为显著，而以中小微企业数量居多的餐饮业成了承受新冠肺炎疫情压力最大的企业群体。餐饮业每年为社会贡献了超过2600万个就业岗位[②]，在疫情防控常态状况下，稳定就业市场首当其冲需要稳定餐饮业就业市场。

3 月 18 日，国务院办公厅印发《关于应对新冠肺炎疫情影响强化稳就业举措的实施意见》（国办发〔2020〕6 号），围绕更好实施就业优先政策、引导农民工安全有序转移就业、拓宽高校毕业生就业渠道、加强困难人员兜底保障、完善职业培训和就业服务五个方面提出了具体政策措施强化稳就业。4 月 20 日，习近平总书记赴陕西就统筹推进新冠肺炎疫情防控和经济社会发展工作进行调研，再次强调要努力克服新冠肺炎疫情带来的不利影响，扎实做好“六稳六保”工作。而“稳就业”和“保居民就业”位于“六稳六保”工作之首，可见 2020 年就业工作的重要性和任务的艰巨性。

---

① 田盛丹 . 新冠肺炎疫情及其应对政策对我国宏观经济的影响——基于可计算一般均衡模型的分析 . 消费经济［L/OL］. http: //kns. cnki. net/kcms/detail/43. 1022. F. 20200521. 1354. 002. html. 2020–05–03/2020–05–21.

② 中国烹饪协会 . 2020 年新冠肺炎疫情对中国餐饮业影响报告［R］，2020（2）.

二、新冠肺炎疫情下餐饮业就业市场的三种供需矛盾

随着复工复产的有序推进、政府消费券的广泛使用，餐饮业有所回暖。但是一季度的巨大损失，让餐饮企业纷纷重新规划岗位需求、延期重启招聘计划，餐饮业就业市场的整体形势依然不容乐观。受经济下行和新冠肺炎疫情的双重压力叠加，2020 年餐饮业就业市场出现了三种供需矛盾：供需数量矛盾、供需结构矛盾和供需匹配矛盾。

（一）餐饮业就业市场供需数量矛盾

受新冠肺炎疫情影响，2020 年一、二季度全国整体就业市场供需数量矛盾短期内扩大。

一方面，就业市场整体供给数量增加。根据教育部统计数据，2020 年全国高校毕业生规模达到 874 万人，同比增长 40 万人；叠加 2019 年尚未就业的毕业生存量，以及 2020 年预计海外留学归国的高校毕业生 60 万人[①]，2020 年的高校应往届毕业生群体规模预计达到 950 万人左右。以昆明学院旅游学院为例，2020 届毕业生比 2019 届增长 25%，其中餐饮相关专业同比增长 27%。

另一方面，就业市场整体需求数量减少。根据中国饭店协会数据，受新冠肺炎疫情影响，仅仅在春节 7 天，新冠肺炎疫情就对全国餐饮业造成了约 5000 亿元的损失；与 2019 年春节相比，疫情期间 87% 以上的餐饮企业营业收入损失达 90% 以上[②]。因此，部分餐饮企业虽然恢复到疫情前的经营水平，但是为弥补一季度产生的巨大损失，不得不对在岗人员编制进行严格的管控，招聘计划也在不断延期中。而众多中小微餐饮企业在一季度由于疫情防控的原因不能开放堂食，导致营业收入惨淡、现金流短缺，不能维持基本运营，纷纷关门倒闭。这一部分小微餐饮企业的倒闭，使得餐饮业就业市场的用人需求量缩减。

（二）餐饮业就业市场供需结构矛盾

受新冠肺炎疫情的影响，“云上课”“云办公”带动了一批在线教育、在线

---

① 赵晶 . 疫情对高校毕业生就业有何影响［J］. 学术专业人文茶趣，2020（5）.

② 中国烹饪协会 . 2020 年新冠肺炎疫情对中国餐饮业影响报告［R］. 2020（2）.

办公等企业的兴起。这些企业爆发式的增长，为就业市场注入了新的活力。但是对比“互联网 +”或“平台 +”就业市场的供不应求，餐饮业就业市场显得较为冷清。

新冠肺炎疫情发生前，受市场供需和国家政策的引导，高校各专业毕业生的输出与市场需求保持相对平衡。新冠肺炎疫情发生后，很多高校餐饮专业的应届毕业生在看到新冠肺炎疫情对餐饮行业的巨大冲击后，对自身职业生涯发展失去了信心，转向选择其他较为稳定的行业，加剧了高校毕业生求职专业不对口的现象，从而导致餐饮业就业市场的供需结构不平衡。

5 月，云南省为应对新冠肺炎疫情，面向全国高校应届毕业生，大幅增加名额开展基础教育学校专项招聘，计划开放有编制的中、小学幼儿园教师普通岗位 32870 个。据云南省招考频道数据，截至 6 月 6 日报名结束，有 198499 人报考该专项计划招聘中，报考总人数与招聘岗位总数比达到 6 ∶ 1[①]。此次云南省基础教育学校专项招聘，很多教师岗位不设专业限制。因此，大部分高校毕业生为了选择稳定的工作岗位，纷纷报考。以昆明市官渡区招聘的小学教师普通岗为例，热门岗位的报考人次与招聘岗位总数比最高达到了 72 ∶ 1[②]。以昆明学院旅游学院为例，28% 的 2020 届应届毕业生报考了此次基础教育学校专项招聘，其中餐饮相关专业毕业生占报考毕业生总数的 35%。餐饮专业毕业生的报考人数占比甚至超过了云南省部分院校的师范生。

（三）餐饮业就业市场供需匹配矛盾

1. 供需匹配方式的矛盾

新冠肺炎疫情发生以来，为深入贯彻各级政府应对新冠肺炎疫情影响强化稳就业举措的实施意见，尤其是在解决应届高校毕业生就业、拓宽高校毕业生就业渠道方面，各级政府部门组织举办了多种多样的“云招聘”。网络招聘已然成为 2020 年就业市场招聘的主要方式。

根据梧桐果校园招聘数据显示，对 2018 至 2020 年间 1~2 月份中国校园

---

① 云南省基础教育学校专项招聘网上报名情况通报［EB/OL］. 云南省招考频道，https://www.ynzs.cn/html/content/3847.html.

② 同①。

招聘会线上线下场次进行分析后发现，线上招聘会占比从 2018 年的 20.69% 增长到 2019 年的 46.67%，最后增加至 2020 年的 92%。2020 年，受新冠肺炎疫情影响，企业的招聘方式从传统的线下校园招聘、校园宣讲会，跨越式转变成了线上的“云招聘”。就业市场供需双方在匹配供需方式上发生了变化。

2. 供需匹配期望的矛盾

由于高校毕业生对就业市场的变化敏感度较低，对就业形式的估计不足，以及对国家政策性就业的解读不够，导致他们在求职过程中抱有较高的期望值。以昆明学院旅游学院为例，通过对 2020 届毕业生（448 人）进行新冠肺炎疫情期求职状况调查，对主要校企合作旅游、酒店、餐饮等企业（65 家）进行新冠肺炎疫情下旅游餐饮市场人才需求调查，发现应届毕业生在求职过程中的期望高于市场需求，具体表现在以下两方面。

（1）岗位期望不匹配。

应届毕业生意向求职岗位多为管理岗位，而旅游、酒店、餐饮企业招聘一线运营岗位居多。在所调查的 65 家企业里，已经恢复了招聘和重启招聘计划的企业中，80.43% 的企业招聘一线部门如前厅、餐饮、客房、后厨等运营岗位；只有 19.57% 的企业招聘后勤部门如财务、人力资源等岗位。

（2）薪资期望不匹配。

应届毕业生意向岗位薪资多为每月 4000 元以上，而在所调查的 65 家企业中，已经恢复了招聘和重启招聘计划的企业中，仅有 23.82% 的企业为所招聘的岗位提供 4000 元 / 月以上的薪资，另有 76.18% 的企业为目前所需求的岗位提供的薪资为 2000~3999 元 / 月。同时，对比新冠肺炎疫情前，虽然 71.74% 的企业表示所招聘岗位的薪资无变化，但是仍然有 19.57% 的企业表示有所降低，另有 8.7% 的企业表示薪资未缩减但是有其他变化，如增加员工休假时间以减少实际工资发放等。

三、疫情防控常态状况下餐饮业提高就业率的建议

（一）解决供需数量的矛盾

1. 扩大餐饮业就业市场需求

解决短期内餐饮业就业市场人才供需数量的矛盾，可以从扩大餐饮业就业市场需求入手。根据昆明市市场监督管理局数据，截至 2020 年 2 月底，昆明市持证餐饮单位共有 43374 家，其中特大型餐馆 57 家，大型餐馆 613 家，中型餐馆 4312 家，小型餐馆 13263 家，快餐店 878 家，饮品店 3521 家，小吃店 17492 家，各类食堂 3185 家（其中学校食堂 2395 家），集体用餐配送单位 37 家，中央厨房 16 家，餐饮食品摊贩备案 10116 家[①]。排除掉部分餐饮企业停业、倒闭、证件注销等情况，就昆明市餐饮市场来看，市场现存餐饮中小微企业数量庞大，若能 100% 复工复产，餐饮业就业市场中岗位需求数量将相当可观。

2. 吸纳餐饮业就业市场供给

云南省人民政府办公厅印发的《关于促进夜间经济发展的指导意见》（云政办发〔2020〕20 号）提出“用 3 年时间在全省打造一批具有鲜明地方特色与浓郁民族风情的夜间经济集聚区，逐步形成布局合理、功能完善、业态多元、管理规范的夜间经济发展格局。其中，昆明市打造 15~20 个夜间经济集聚区，其他每个州、市打造 3~5 个夜间经济集聚区，鼓励各州、市结合实际，打造更多夜间经济集聚区，有效满足人民群众品质化、多元化、便利化消费需求”。

“夜间经济”和“地摊经济”可以有效地帮助餐饮业吸纳就业市场供给。发展“夜间经济”，一定程度上要求餐饮企业延时经营。延长的经营时间和带动的餐饮消费，让根据餐饮门店经营状况来计划人员编制的餐饮企业加速重启招聘计划。而发展“地摊经济”，适度放宽夜间“外摆位”管制，让满足条件的餐饮食品摊贩大幅度增加，为期望低成本创业的高校餐饮专业毕业生提供了机会。假设发展“夜间经济”和“地摊经济”后，餐饮食品摊贩在 2020 年

① 昆明市市场监督管理局 . 关于全市餐饮行业规模及发展现状的复函［R］. 2020-03-27.

2 月底昆明市市场监督管理局数据的基础上适度增加 30%；餐饮食品摊贩一般以家庭为单位，1 个食品摊贩至少能吸纳 2 人就业；那么昆明市仅餐饮食品摊贩就能吸纳 6069 人就业。

3. 计划餐饮业政策性就业

5 月，云南省人力资源和社会保障厅（云人社会〔2020〕22 号）联合其他六个省级单位印发了《云南省应对新冠肺炎影响大幅度增加名额面向全国开展基础教育学校和医疗卫生机构专项招聘优秀高校毕业生工作方案》，计划面向全国应届高校毕业生专项招聘 32870 名中学、小学、幼儿园教师和 10000 名医疗卫生机构医护人员。

相关政府部门可借鉴上述专项招聘计划，出台餐饮业就业市场扶持性政策，为高校餐饮专业毕业生提供专业对口的基础岗位，同时对吸纳应届高校餐饮专业毕业生一定数量的餐饮企业给予经济补偿和税收减免。

（二）解决供需结构的矛盾

1. 平衡人才供给和市场需求

高校餐饮专业人才培养应以市场需求为导向，不断契合餐饮业的发展趋势。此次新冠肺炎疫情让“餐饮 + 零售”不断融合发展，形成了新餐饮 O2O 模式。新模式要求餐饮企业拥有精通数字化网络营销管理的复合型餐饮管理人才。如何引进或培养一批既懂烹饪、餐饮管理，又懂互联网管理和营销的复合型人才，是餐饮企业在新形势下寻求发展的热点问题。而餐饮企业的这一需求，也为高校全方位培养餐饮管理型人才提供了视角。“培养什么样的人才”是保障高校毕业生人才供给与市场需求平衡的关键。

2.“共享员工”促进“灵活就业”

伴随着“互联网 +”新经济新业态，社交媒体、搜索引擎、在线交易、网络理财、娱乐传媒、共享出行可谓五彩缤纷，大量兼职或专职化的“灵活就业”也涌现出来[①]。有人将“互联网 +”背景下的灵活就业称为适应“零工经济”或“平台经济”“共享经济”的就业形态[②]。受新冠肺炎疫情影响，餐饮业

① 肖巍．“互联网 +”背景下灵活就业的劳动关系探析［J］. 思想理论研究，2020（5）.

② 刘燕斌．中国劳动保障发展报告（2017）［R］. 北京：社会科学文献出版社，2017：296–305.

就业市场中稳定的、长期的就业岗位减少，灵活就业机会增多。而灵活就业中以实习和短期劳动合同形式为主。

餐饮业应借助行业协会联动优势，积极引导餐饮企业进行抱团互救，联合产业链上下游餐饮企业成立餐饮企业联盟，打造“餐饮企业命运共同体”。在“餐饮企业命运共同体”中，企业可“共享员工”。如阿里在新冠肺炎疫情期间推出了“就业共享平台”，“饿了么”餐饮商家可通过平台为员工报名临时加入蜂鸟骑手，进行餐饮外卖配送。这种临时地、短期地出让员工方式，使平台和商家达成了“共享员工”模式，为餐饮企业在新冠肺炎疫情期间减少了用工成本，提高了用工效率。

（三）解决供需匹配的矛盾

高校就业工作应结合教育部联合五大招聘平台举办的“2020 届高校毕业生全国网络联合招聘 24365 校园招聘服务”，省、市人力资源和社会保障厅、教育厅联合举办的“千校万岗”系列网络招聘会，有计划地组织和开展专业对口线上招聘会。一方面，引导学生从线下校园“面对面”招聘转变为线上网络招聘；另一方面，引导餐饮企业开展线上宣讲会和专场招聘会，为就业市场供需双方开展线上匹配。

行业协会业应充分发挥作用，积极将餐饮企业和具有餐饮专业的院校相匹配，用行业的号召力组织举办专业对口的专场线上招聘会。例如，中国旅游协会旅游教育分会举办的“2020 年全国旅游院校毕业生线上招聘会”和中国饭店协会举办的“2020 年全国饭店与餐饮职业院校校企联盟成员毕业生专场线上招聘会”。前者有 286 家企业参加、提供了 8000 余个岗位 ；后者有 237 家企业参加、提供了 1500 余个岗位。

同时，高校就业工作应结合餐饮专业毕业生新冠肺炎疫情期求职状况调查结果，通过开展线上求职培训和餐饮业就业市场形势解读，引导学生降低自身求职期望值，匹配餐饮企业岗位需求，快速进入就业市场。

四、结语

新冠肺炎疫情的突发让餐饮业措手不及，也让餐饮业就业市场的矛盾不断凸显。当前疫情防控常态状况下，如何有效地解决餐饮业就业市场供需、结构和匹配方式的矛盾，是促进餐饮业就业市场不断提升就业率的关键。随着复工复产的有序推进和就业市场的多措并举，相信餐饮业就业市场也将逐渐恢复。

疫情常态化防控背景下滇西北旅游发展策略研究

赵建军

（云南旅游规划研究院大理分院）

滇西北是云南文化与旅游资源最为富集的区域。这里的大理、丽江和香格里拉等地均为久负盛名的旅游胜地，是云南旅游市场的“晴雨表”和“风向标”。新冠肺炎疫情的突然暴发，在世界范围内对旅游业造成了前所未有的冲击与影响。因疫情防控的需要，滇西北各地的旅游市场也一度陷于停顿。目前，随着新冠肺炎疫情在国内得到有效控制，进入常态化防控，滇西北各地旅游行业也逐渐恢复运营。但作为疫后云南旅游复苏的“晴雨表”，滇西北旅游市场在常态化防控的后疫情时代，既需要做好“持久战”的准备，也要有促进行业振兴和发展的新思维。

一、疫情影响下滇西北旅游市场现状分析

滇西北地处大滇西旅游环线的核心区域。这里的大理、丽江和香格里拉等地不仅是云南旅游人气最旺、旅游经济最活跃的地区，也是云南旅游市场的“晴雨表”。2020 年 1 月 25 日，因疫情防控的需要，滇西北各地纷纷关闭了景区、景点等旅游场所，暂停了相关旅游企业的接待经营活动，旅游市场一度陷于停顿。虽然自 2 月 20 日起，丽江、大理、香格里拉等地先后恢复旅游接待，但旅游市场至今仍未出现业内期盼已久的旅游消费报复式增长和暴发式反弹。受疫情影响，滇西北旅游市场呈现出以下两大特点。

一是旅游市场萎缩幅度巨大。根据旅游主管部门相关数据分析，在社会整体环境受疫情影响较大的 1~3 月，大理、丽江接待游客数分别为 442.4 万人次和 246.93 万人次，较 2019 年同期分别下降了 69.83% 和 79.97%；旅游总收入分别为 80.7 亿元和 44.67 亿元，较 2019 年同期分别下降了 69.55% 和 84.01%。

衡量旅游业景气度的旅游接待人数和旅游总收入两大指标，同比均有较大幅度的萎缩。

二是旅游市场恢复相对缓慢。随着新冠肺炎疫情进入常态化防控，时间上滇西北地区应该进入传统的旅游旺季，但旅游市场的表现却一直不温不火。在景区门票、民宿客栈等价格大幅下调（景区门票全部减半，民宿客栈住宿价格普遍降价 30%~50%），丽江等一些地方发放了鼓励旅游消费的惠民旅游券，游客到滇西北旅游的刚性支出大幅度地减少，以及“五一”小长假假期天数较往年增加等条件的综合作用下，2020 年“五一”期间，大理、丽江、香格里拉三地接待游客数分别为 44.83 万人次、44.35 万人次和 21.18 万人次，只达到 2019 年同期水平的 55.37%、73.85% 和 52.04%；旅游总收入则分别为 6.11 亿元、3.84 亿元和 1.38 亿元，只达到 2019 年同期水平的 59.41%、53.4% 和 55.2%。同一时期，位于滇中地区的昆明和处于滇东南地区的红河，两地接待游客数和旅游总收入分别为 214.95 万人次、15.84 亿元和 184.18 万人次、13.47 亿元，已经分别达到 2019 年同期水平的 89.69%、82.04% 和 98.82%、106.23%。可见，当前大理、丽江、香格里拉等地的旅游市场景气度，不仅与往年相比存在较大差距，与滇中、滇东南地区的昆明、红河等地相比，差距也十分明显。总体上看，滇西北旅游市场恢复相对较为缓慢。

二、滇西北旅游复苏面临的主要困难和问题

（一）本地市场小，内生需求不足

疫情暴发以来，游客旅游活动半径大幅度缩短，本地游、周边游成为当前及今后相当一段时期内最普遍的旅游方式。跨省、跨地区及跨境远程旅游市场，还需要疫情防控成果的进一步巩固来提振信心，还需要一段较长的时间来恢复。滇西北大理、丽江、迪庆、怒江四州市总人口为 576.7 万人，只占云南省人口总量的 12.17%，本地市场小，对外部市场的依赖程度大。在远程市场需求受到抑制的市场环境下，滇西北地区本地市场小，内生需求不足的劣势被放大，面临“里无粮草，外无援兵”的窘境，旅游动能不足，市场恢复受限。

（二）产品创新少，市场开拓不够

滇西北大理、丽江、香格里拉等地旅游起步早，市场成熟度较高，但也一直存在产品老化和创新不足等问题。疫情的暴发，对人们的消费需求产生了较大的影响。一方面，长时间的居家防疫，激活了人们对文化的消费需求；另一方面，人们对健康安全保障的关注也被强化。这就要求旅游目的地和旅游企业能够创新产品和服务，提供更多更好的文化、康养产品，满足游客对文化消费和健康安全等方面的需要。事实上，2020 年“五一”期间，玉溪、红河等地的旅游市场规模分别达到 2019 年同期的 92.89% 和 98.82%，与当地大力举办文旅活动、积极创新产品和业态的努力是密不可分的。滇西北地区民族文化资源和康养旅游资源非常丰富，但在产品转化和业态创新等方面较为迟缓和滞后，对外部市场吸引力不够。即使是在疫情中市场表现相对较好的滇西北旅游门户的大理，根据相关统计，2020 年“五一”期间，入滇游客占全省游客总量的 35%，旅游总数中 91.92% 为省内游客，远程市场萎缩非常明显，需要进一步发挥政府引导和行业协会指导作用，增加企业创新意愿，“引水活市”。

（三）行业联动差，市场合力不强

新冠肺炎疫情对旅游业冲击广、影响深，任何企业都难以独自抗衡，需要企业联合、行业联动、抱团经营、发掘新需求、开发新产品。通过资源的共享和互补，联动、联营，降低成本，做大市场。但疫情发生以来，滇西北各地虽然也有一些企业积极应变求生，面向本地市场推出了一些应时应节和本地游产品，也取得了一定的市场效果，但总体上仍然存在规模小、资源分散、渠道混乱和经济效益差等“小、散、乱、差”方面的问题。一些微小企业和个体经营户资源不足、条件有限，无力自主开发产品切入市场，规模大、资源足、条件好的企业大多各自为战，无形中也拉高了经营成本，没有形成行业联动、企业联合、以大带小、资源互补的市场格局。据统计，2020 年 1 到 4 月，滇西各地在客栈联盟转让交易中心挂牌转让民宿的申请为 2019 年同期的 2.43 倍。市场合力不强，一些微小企业和个体经营户难以为继。

三、后疫情时期滇西北旅游市场振兴的建议

（一）抓大“放”小，化危为机，促进旅游供给侧改革发展

近年来，随着滇西北地区旅游发展的提速，民宿、饭店、旅游购物店、旅行社等大量涌现，既催生一批新业态，也在旅游住宿、餐饮和购物等方面产生了结构性的泡沫。大理、丽江、香格里拉等地，在三地客栈联盟登记注册的会员单位就有9000多个，数量多、差异大、良莠不齐，对旅游市场的规范发展造成影响。2016年以来，虽然在生态环境治理和旅游市场环境整治等专项整治行动中关停了一部分不合规的经营户，但仍然有相当数量低质、低效的“蹭热度”商家店铺“抱残守缺”不愿改变，给供给侧改革的推进造成困难。在疫情防控中，一些有特色、有核心竞争力的旅游经营企业和经营户，在产品、服务和经营管理等方面创新应变，展现出顽强的生命力。但也有不少企业一味哭贫叫困，向行业管理部门要补助等救济，消极应对。面对疫情“大考”，地方政府应跳出“输血”式扶助的思维，一方面要放宽市场管制，以活促变，激发企业活力，引导企业改革创新，不断增强自身“免疫力”，努力化危为机，适应旅游市场变化；另一方面，要敢于利用疫情这个“试金石”，利用市场力量，通过优胜劣汰，让没有竞争力、生命力的商户退出市场，挤掉市场泡沫，促进滇西北旅游市场供给侧改革发展。

（二）打好低密度、自驾、康养牌，树立健康旅游目的地形象

“好山、好水、好风光”是滇西北旅游资源的本底，“大山、大水、大健康”是大滇西旅游环线追求的气度和格局。目前，疫情的阴影尚未完全消除，在一段时期内，近郊游、自驾游等短途、低效益旅游等碎片化旅游产品会受到游客青睐，成为主要旅游活动方式；远程市场和团队游客依存度高的滇西北旅游的复苏与振兴会有较大压力。但从长远看，新冠肺炎疫情唤醒了民众的生命和养生意识，民众想获得自由、健康、舒适等体验的呼声高涨。低密度旅游、生态旅游、乡村旅游以及康养类旅游产品的关注度会大幅提升，将成为旅游行业发展新方向。滇西北地区处于大滇西旅游环线的核心区域，有“三江”并

流、香格里拉、洱源温泉之乡和苍洱田园风光等世界级高品质的生态旅游、乡村旅游以及康养旅游资源、滇西北各地要利用好疫情防控带来的新健康理念，抓住健康消费需求向旅游领域的深度渗入的机遇，借助“旅游革命”的“东风”，一是从观念上促进滇西北旅游目的地建设和旅游产品开发的调整与优化，跳出“好山、好水、好风光”的传统局限；二是从技术上倒逼当地旅游企业在旅游服务方式、服务流程和服务质量上系统升级，树立起健康旅游服务新标准，推动滇西北旅游步入“大山、大水、大健康”的新境界，树立起滇西北健康旅游目的地新形象。

（三）危中寻机，创新产品，丰富健康游品牌内涵

疫情之后依托环境和生态优势，以健康为主题，向康养旅游目的地转型将成为一种新的选择。滇西北地区是云南植物王国和民族文化两大特色资源密度最高、最典型的区域，山地、森林、河流、湖畔、草甸及高原特色农业种植优势明显，具有天然的环境、资源、文化和产业优势。疫后滇西北地区的旅游转型发展，要注重依托当地优越的生态环境、丰富的物产、深厚的历史文化、民族文化传承和原有的旅游业发展基础，注重对核心资源的挖掘和对核心产业要素的打造，在健康主题的旅游目的地建设和旅游产品的功能设定、文化主题选择、产品载体和服务流程等方面进行理论创新和技术研究。通过健康旅游载体建设，健康主题的旅游产品、旅游线路和旅游服务项目开发，构建康养旅游小镇、康养民宿和乡村酒店、康养农业园区和康养花园等宜居、宜养、宜游的综合服务体系，形成完善的健康旅游目的地产品和服务体系，打造独特的健康游品牌形象和核心竞争力，丰富健康游品牌内涵，推动向滇西北区域向健康旅游目的地转型。

（四）激活本地需求，维持市场人气，促进行业复苏

滇西旅游业本地市场小、内生需求不足、对远程市场的依赖大，但随着疫情在国外的扩散，对滇西北旅游跨省、跨地区和跨境等远程市场的复苏带来了很大的不确定性。传统上，云南省旅游市场省内游客约占65%，入滇游客约占35%。但在滇西北大理、丽江、香格里拉等地，省外游客占比多在40%~50%。

这里接待的省内游客也多来自人口密集、城市化程度相对较高的滇中、滇东等地，当地市场份额非常有限。当前，在外部市场需求受到疫情抑制的情况下，滇西北旅游企业必须转变“等风来”的消极思想，重视挖掘本地市场潜力。一方面，要立足善于通过针对性的本地游产品设计、服务和价格策略，拉动学校、家庭和企事业单位等集群性消费，激活当地居民休闲游憩需求，维持市场人气，稳住员工队伍，改善旅游企业的社区形象。另一方面，也要积极关注国内旅游市场的变化，抓住暑期旅游消费较为旺盛的市场机遇，创新服务理念，推出具有“看山、看水、看风情，养生、养颜、养心境”等滇西北地方特色的新产品，激发新需求，促进行业复苏。

云南省酒店业受新冠肺炎疫情影响及政策诉求

吕宛青　赵国雄　汪熠杰

2020 年 1 月，大规模暴发的新冠肺炎疫情为中国的社会生产带来了巨大影响，对中国的经济发展产生了强烈冲击。旅游业作为具有一定脆弱性和敏感性的服务性产业，在本次疫情中受到了严重影响。其中旅行社、酒店受到的影响最为显著。

云南省作为中国的避寒旅游胜地，春节期间向来都是旅游旺季。然而，疫情的暴发使 2020 年的旺季旺不起来。1 月 24 日，文化和旅游部办公厅印发了《关于全力做好新型冠状病毒感染的肺炎疫情防控工作暂停旅游企业经营活动的紧急通知》(以下简称《通知》)，云南省也启动重大突发公共卫生事件一级响应。由此，云南省乃至全国的酒店行业全部陷入“冰冻”状态，所有业务全部停摆。云南酒店行业受到了前所未有的沉重打击。

在此背景下，为全面深入了解本次新冠肺炎疫情对云南省酒店业的影响程度，帮助云南省酒店业恢复活力，本文对云南省星级酒店疫情期间的经营损失情况进行了分析，并提出了相应的应对策略。

一、新冠肺炎疫情对云南省酒店行业的影响

为防止疫情扩散，自 1 月 24 日起，全国多地相继出台封城、封路、封村等政策来限制人员流动。严厉的人员管控政策为缓解疫情防控压力、阻止疫情进一步蔓延起到了关键性作用，但同时也使旅游业的需求主体——旅游者流动全面断流。据交通运输部发布的数据显示，1 月 28 日至 1 月 31 日，全国铁路、公路、水路、民航发送旅客的同比跌幅最高达 85.4%。随着管控措施的陆续升级与疫情的不断蔓延，全国的交通出行管控也更加严格。全国旅游流在很长一段时间内将一直处于停滞状态。交通运输作为酒店的前端行业，其运输流的停

滞断流，最终必然传导至酒店行业。相关数据显示，2020年1月24日至30日，云南省共接待游客714.21万人次，相比2019年同期下降79.38%；其中接待过夜游客148.61万人次，相比2019年同期下降70.54%。全省酒店行业接待人数与营业收入大幅下跌。

参考云南省旅游饭店行业对全省星级酒店的抽样调查结果，2020年春节期间，全省星级酒店的平均住房率为10.57%，相比2019年同期减少46.32个百分点（图1）；平均营业收入14.61万元，相比2019年同期减少120.37万元（图2）；平均房价为193.48元，相比2019年同期下降25.12元（图3）。

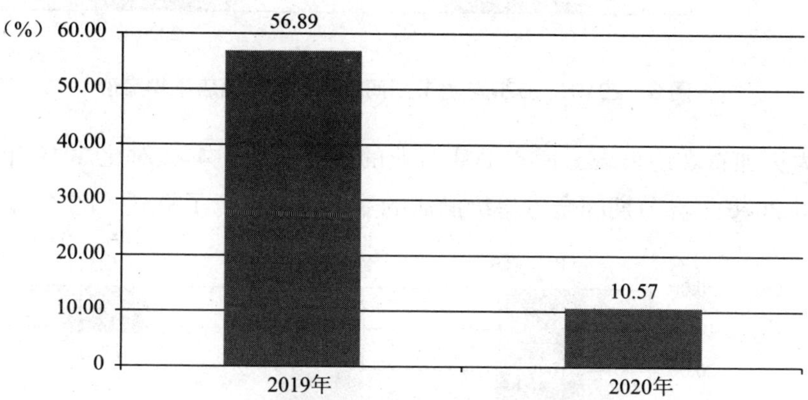

图1　2019、2020年春节期间云南省星级酒店平均入住率

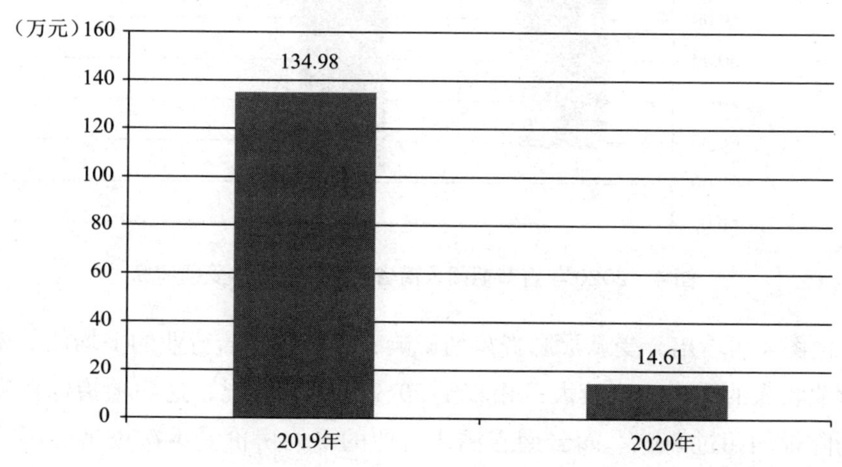

图2　2019、2020年春节期间云南省星级酒店平均营业收入

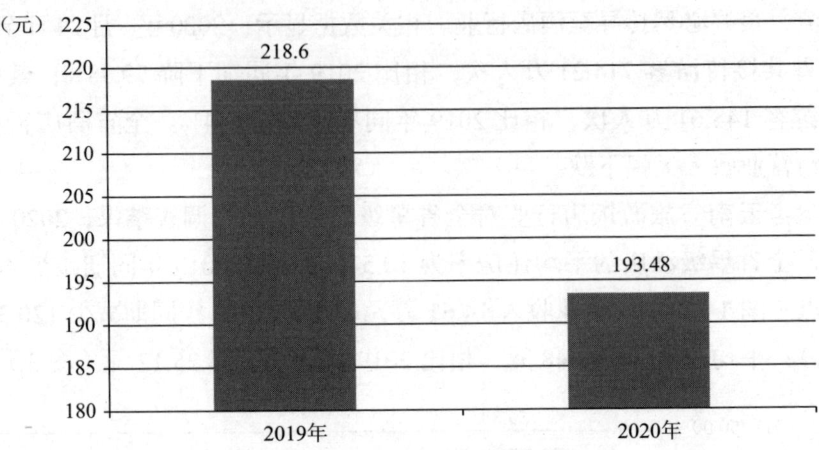

图 3　2019、2020 年春节期间云南省星级酒店平均房价

为更加直观地表现云南省酒店行业的受损情况，本文对比 2019 年同期情况，对 2020 年春节期间全省星级酒店的受损幅度进行了整理（图 4）。

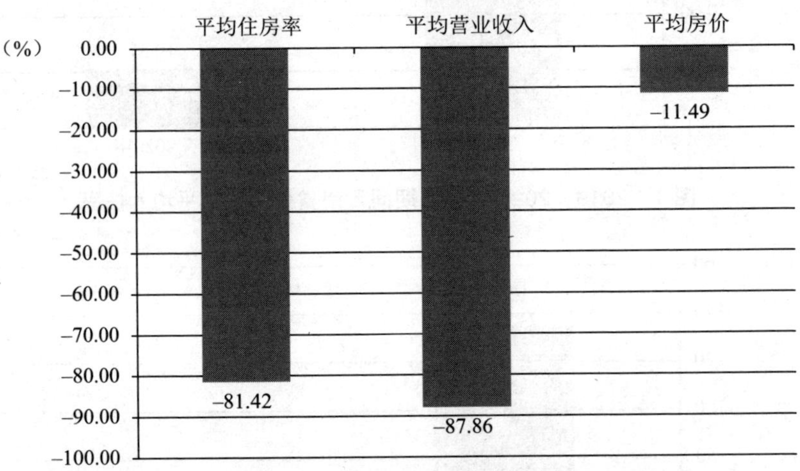

图 4　2020 年春节期间云南省星级酒店总体受损情况

由图 4 可看出，受新冠肺炎疫情影响，云南省酒店行业的平均住房率和平均营业收入的受损幅度较大；相较于 2019 年同期情况，这两项指标在疫情期间的降幅均超过 80%。而云南省酒店行业的平均房价受本次疫情的影响则较小，在疫情期间该项指标的降幅仅为 11.49%。酒店平均房价主要受酒店经营

成本影响。由于酒店行业成本结构的特殊性与本次疫情的突发性，酒店经营者难以在短时间内对经营成本进行调控。因此，疫情期间酒店的平均房价不会有大幅度的改变。同时由酒店营业收入核算公式可知，酒店平均营业收入同时受酒店的平均房价及平均住房率影响。因此，结合以上数据可初步判断，随新冠肺炎疫情暴发而导致的旅游交通管制及旅游人数骤减是使云南省酒店行业严重受损的主要原因。而酒店行业特殊的成本结构，也使得云南省酒店行业难以在疫情期间做出灵活的价格反应来缓解疫情的冲击。

二、新冠肺炎疫情对不同酒店部门的影响

现代星级酒店是涵盖住宿、餐饮、娱乐等多配套部门的酒店综合体。由于各部门服务特点的不同，新冠肺炎疫情对不同部门的影响程度也有所差别。

2020 年春节期间云南省酒店行业的平均客房收入为 9.25 万元，相比 2019 年同期减少 62.74 万元。酒店平均餐饮收入为 3.8 万元，相比 2019 年同期减少 33.3 万元。酒店其他平均收入为 3.3 万元，相比 2019 年同期减少 10.06 万元（图 5）。

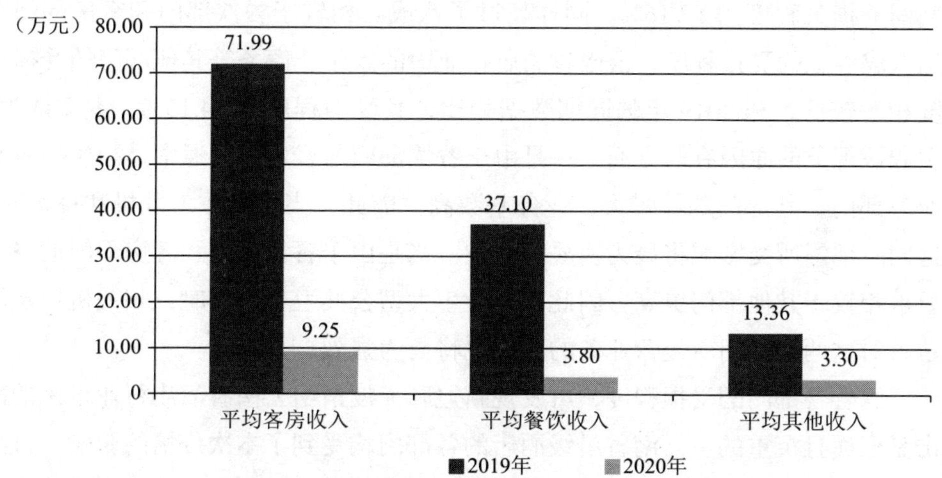

图 5　2019、2020 年春节期间云南省星级酒店不同部门收入情况

为进一步分析 2020 年不同酒店部门受疫情影响情况，本文整理出 2020 年因受疫情影响，云南省星级酒店各部门的相对受损幅度（图 6）。

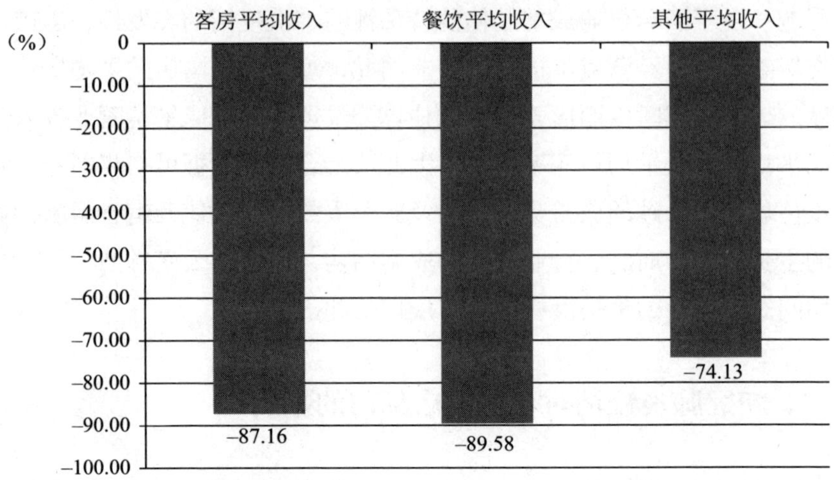

图 6　2020 年春节期间云南省星级酒店各部门受损情况

由图 6 可知，疫情期间云南省酒店行业中的餐饮部门受影响程度最大，相比 2019 年同期数据，该部门在疫情期间的损失程度高达 89.58%。此外，客房部门在本次疫情中的受损也十分严重。相比 2019 年同期数据，该部门在疫情期间的损失程度为 87.16%，同样超过了八成。相较于餐饮部门和客房部门高达八成以上的受损程度，云南省酒店行业中的娱乐、商务等其他部门的受损程度相对较低，和 2019 年的同期数据相比，其受损程度为 74.13%。本文认为，引起该现象的原因有两方面。一是由于餐饮部门与客房部门通常是酒店的核心业务部门，其部门的体量大，业务基数高。因此，当发生重大危机和疫情时，这两个部门所受影响将最为明显和严重。二是由于餐饮部门和客房部门的卫生要求相较于其他部门更高。因此，当发生大型公共卫生事件时，相关机构及消费者对这两个部门所经营业务的反应也将更为强烈。

综合各部门的受损程度，可发现新冠肺炎疫情给云南省酒店行业带来的冲击是全面且沉重的。云南省星级酒店的各部门均受到了本次疫情的影响，且酒店核心业务部门（餐饮部门和客房部门）的受损程度均超八成。这意味着在受疫情影响期间，云南省酒店行业的核心部门和业务将失去原有的经营地位和经营活力。因此，适时转移酒店业务重心、创新新型业务，将成为云南省酒店行业应对本次疫情的工作重点。

三、新冠肺炎疫情对不同档次酒店的影响

由于不同档次酒店的经营规模、经营方式及经营目标不同，因此受疫情的影响程度也有所差别。故要全面、深入地研究云南省酒店行业受本次疫情的冲击，还需进一步研究不同档次酒店受疫情影响的程度。图 7、图 8、图 9 是 2019 年与 2020 年春节期间云南省各档次酒店的主要营业指标。

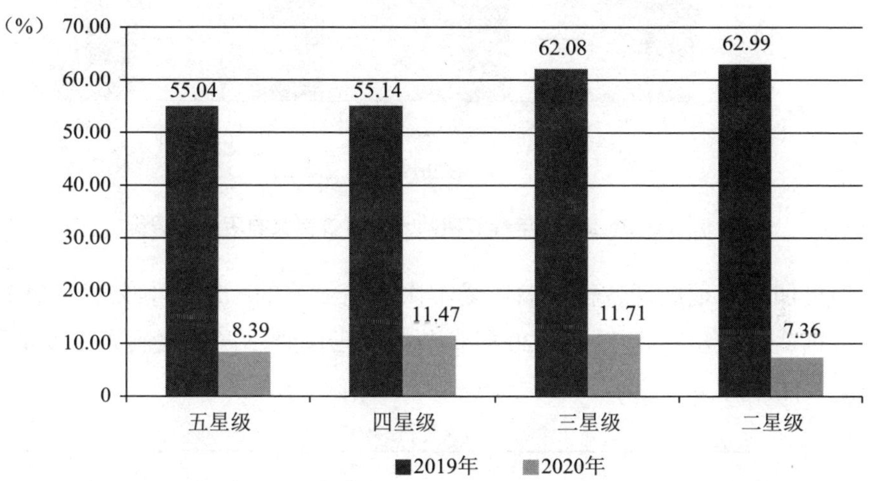

图 7　2019、2020 年春节期间云南省各档次酒店平均入住率

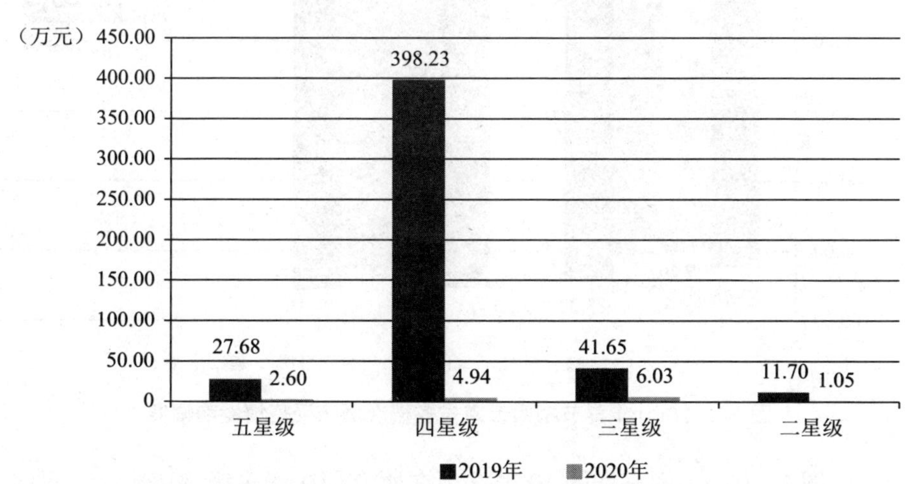

图 8　2019、2020 年春节期间云南省各档次酒店平均营业收入

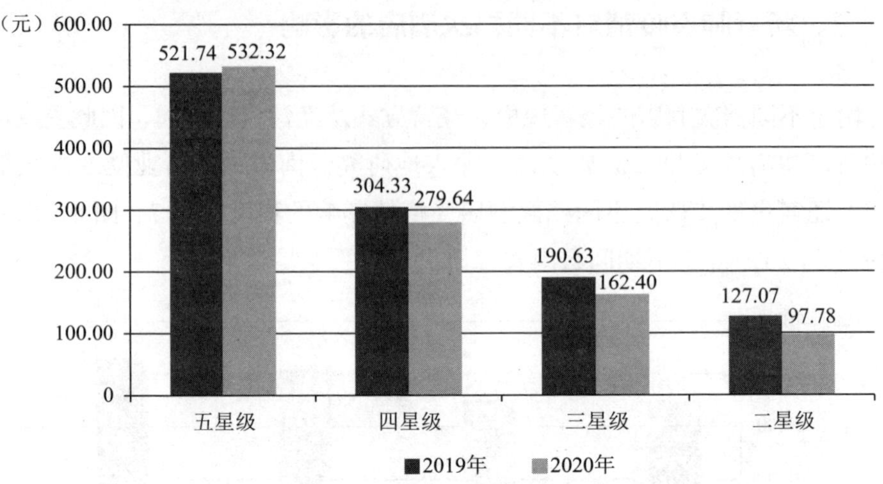

图 9　2019、2020 年春节期间云南省各档次酒店平均房价

为更加直观地展现各档次酒店受本次疫情影响的程度，本文对比 2019 年同期数据，进一步整理出了 2020 年春节期间云南省不同档次酒店受疫情影响的幅度（图 10）。

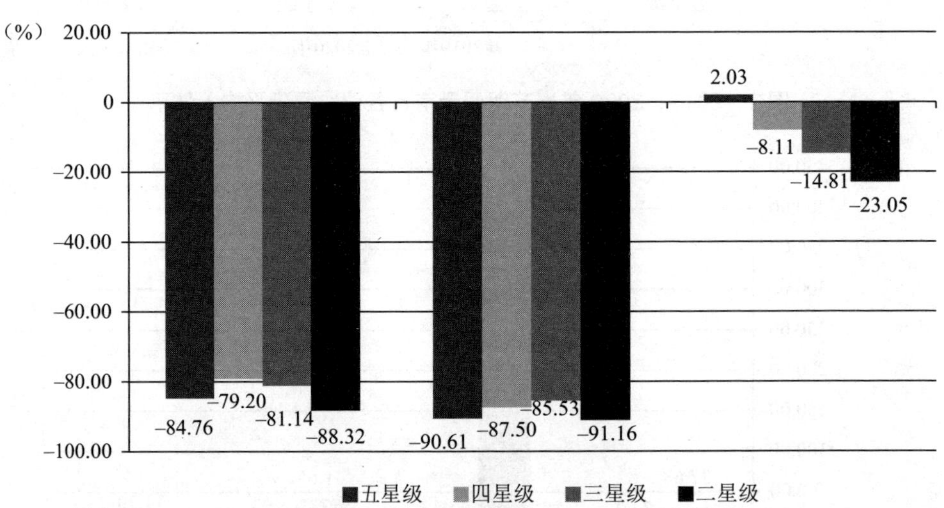

图 10　2020 年春节期间云南省各档次酒店受疫情影响幅度

结合图 7、图 8、图 9 和图 10 可发现在所有档次的星级酒店中，二星级酒店的受影响程度最大。相较于 2019 年的同期数据，其三项经营指标的下降幅度是所有星级酒店中最大的。其次是五星级酒店，其平均住房率和平均营业收入相较于2019年的同期数据也发生了大幅度下降，但其平均房价却有了小幅度的上升。三星级、四星级酒店的三项经营指标的下降幅度相较于二星级、五星级酒店较小。其中四星级酒店的平均住房率下降幅度是所有档次星级酒店中最小的，而三星级酒店的平均营业收入则是所有档次星级酒店中下降幅度最小的。

针对这一现象，本文认为在春节期间，以二星级酒店为代表的低端酒店受本次疫情影响最大。其主要原因在于低端酒店的体量、规模都较小，客源不稳定，抗风险能力差。因此，低端酒店受本次疫情的影响最为严重。

以三星级、四星级酒店为代表的中、高端酒店受本次疫情的影响则相对较小。其原因可能是因为中、高端酒店已具备一定的体量和规模，具有一定的抗风险能力。同时，中、高端酒店的客源主要为商务型客源。该类客源群体较为稳定，其酒店预订行为具有一定刚性。因此，尽管疫情对全国的旅游流和交通运输造成了巨大影响，但由于商务活动需求，依然会有部分商务客源选择中、高端酒店入住。

以五星级酒店为代表的高端酒店受本次疫情的影响要大于中端酒店，本文认为造成这一结果的主要原因是春节期间高端酒店的客源主要以游客为主。因此，疫情暴发导致的游客取消预订及游客客源断流，让高端酒店的平均入住率和平均营业收入均受到沉重冲击。但由于高端酒店的大体量、大规模和较强的抗风险能力，疫期中的高端酒店依然能让平均房价维持在一定水平。故本文认为，在疫情得到一定缓解之后，高端酒店的经营绩效将迅速回升。

四、帮助云南省酒店行业恢复的政策诉求

新冠肺炎疫情对中国社会经济造成了全面的冲击。其中，对旅游产业的冲击最为重大和直接，各旅游子行业均受到了严重影响。酒店行业是旅游业中的核心子行业，对旅游业发展有着支柱性作用。云南省作为全国旅游大省，拥有着巨大且成熟的酒店市场。本次疫情暴发带来的全国旅游流停滞和大面积的景区、酒店停业，让云南省酒店行业遭受了巨大打击。

由于本次疫情所造成影响的严重性和全面性，酒店行业将难以仅通过自身

努力恢复行业活力。因此，政府及相关部门的政策帮扶对酒店行业的恢复与复兴尤为重要。基于此种情况，为缓解疫情对云南省酒店行业的影响，让云南省酒店行业早日恢复活力。本文将结合对云南省酒店行业受疫情影响情况的分析，探讨现今云南省酒店行业所亟须的政策支持。

（一）重灾重扶，全面受益

本次疫情对云南省酒店行业的影响是全面且严重的。云南省酒店行业的各项营业指标均受到了本次疫情的影响，且都发生了大幅度的下降。

因此，建议政府及相关部门将酒店行业列为受本次疫情影响的“重灾区”，进行重点帮扶。同时，在制定相关帮扶政策时需注意政策实施的适用面和持续性，让云南省所有类型、不同规模的酒店及酒店相关企业都能从帮扶政策中获益。

（二）给予税收、金融扶持，降低酒店运营成本

由于酒店行业成本结构的特殊性与本次疫情的突发性，酒店经营者难以在短时间内对经营成本进行调控，酒店行业受本次疫情的冲击尤为严重。

因此，建议政府适当减免云南省酒店行业税收。具体而言，可采取减免2020年酒店企业全年的增值税、房产税、城镇土地使用税等减税免税措施，并将2020年的减免税额留到2021年抵扣。同时，建议市政保障部门、OTA平台等酒店运营相关部门、机构，减免云南省酒店行业2020年一季度的服务、运营费用，从而降低酒店运营成本，缓解酒店经营者成本压力，让酒店企业能更加灵活地应对疫情冲击。

此外，为使云南省酒店行业能更快恢复活力，建议政府协调政策性银行为酒店行业提供低息贷款，加快贷款审批速度，从而减轻云南省酒店行业的现金流压力，促进云南省酒店行业恢复。

（三）设立酒店行业专项扶持资金，加大会议、会展政府采购力度

本次疫情中，酒店行业的核心服务部门、餐饮部门和客房部门均受到了巨大影响。云南省酒店行业的营业收入受到了严重冲击。

因此，建议政府及相关部门设立酒店行业专项扶持资金，由政府补贴差额的方式出台房费、餐饮补贴等措施，以促进疫情结束后，云南省酒店行业的餐饮、客房服务消费。同时，还建议政府加大政府性会议、会展的采购力度，制定奖励机制吸引大型企业或机构办会办展，从而促进云南省酒店行业核心服务部门的恢复速度。

（四）加大小微酒店扶持力度，简化酒店收购合并程序

本次疫情中，低端小微酒店受疫情影响最为严重，中端及高端酒店受影响程度相对较小。

因此，建议政府及相关部门加大对低端小微酒店的扶持力度。通过政府资金补贴、酒店行业部门协会支持等方式，帮助低端小微酒店渡过难关。同时，建议政府及相关部门简化酒店收购合并程序，鼓励低端小微酒店相互合并，中、高端酒店收购低端小微酒店，从而降低低端小微酒店所受影响，优化云南省酒店的结构。

云南旅行社行业如何“度冬迎春”

吕宛青　朱伯威

在经过了近几年的旅游供给侧改革之后，2020 年春节应该是“丰收”的时节。但一场疫情改变了超 4 亿人的旅行计划，也给旅游行业超过 1000 万的从业者带来了巨大损失。其中，首当其冲受到较大影响的就是旅行社。

旅行社在云南旅游业发展中起到不可替代的作用，是旅游市场中专业获取客源的龙头行业。面对突然而至的新冠肺炎疫情，全省旅行社企业积极响应，严格执行，在承受多方经济损失的时候，仍以大局为重，立即将未出行但已完成预定操作的客人全部劝退。

由于疫情造成的旅行社经济损失还在继续发酵之中，无法做出最终统计。据初步统计，仅从昆明市旅行社行业受到的影响来看，与 2019 年同期的春节长假接待高峰相比，赴滇过夜游客量损失 450 万至 500 万人次，导致旅游经济收入损失 200 多亿元人民币。根据旅行社数字平台上 122 家旅行社的统计来看，春节期间退团 13583 个，退团人数 139607 人，预估损失 2.54 亿元。19743 名旅行社从业人员受到直接影响。

因旅行团取消已产生的费用谁来承担？旅行社经营活动的暂停而导致的资金断裂、无经营收入问题怎么解决？无人出行就没有现金流的问题如何解决？是否会出现一批中小企业歇业关门？大公司凭借实力是否会加速行业洗牌？停业后企业员工的生活如何保障？疫情何时能见底？需要多长时间才能恢复旅游活动？面对突如其来的疫情危机引发的企业危机，云南旅行社行业如何“度冬迎春”？

一、困境当前，研读政策享红利

第一，认真研读领会国家各项政策精神实质。旅行社需要认真研读领会目前国家已经出台的一系列针对旅游业的支持政策。此外，还包括中国人民银行、财政部、税务总局、人力资源社会保障部、文化和旅游部等部门发出的相关通知。这些通知内容涉及对批发零售、住宿餐饮、物流运输、文化旅游等行业……特别是小微企业的抽贷、断贷、压贷、贴息、稳定就业、暂退质量保证金、疫情期间免征增值税等方面。

第二，要学习并充分利用好地方政府出台的有关政策。2020 年 2 月 12 日，云南省出台了《云南省人民政府关于应对新冠肺炎疫情稳定经济运行 22 条措施的意见》，其中有“对受疫情影响较大的批发零售、住宿餐饮、物流运输、文化旅游等行业……特别是小微企业”加大中小微企业信贷支持的政策，也有对“疫情结束后一年内，对吸引游客人数达到一定规模的旅行社”给予适当资金补助或奖励的政策。

第三，争取操作性强的“实打实”政策。针对文化和旅游部、省级各部门出台的政策“宏观有余，落实不足”的实际，与职能部门和行业组织一道向政府主动表达企业困难，争取“实打实”的政策，具体内容如下：

（1）向税务部门协调申请减免旅行社 2020 年度的部分税费（第一、第二季度）；申请减免部分旅行社企业行政事业性收费，如减免残疾人保障金、失业金、教育附加税等。对因疫情影响导致按期缴纳税款有困难的，申请延期缴纳税款（如不超过 3 个月）。

（2）申请银行金融机构给予已有贷款或没有贷款的旅行社企业提供低息或免息贷款。申请政府部门提供疫期短期流动资金贷款担保、贴息保障，对贷款困难的中小旅行社由国有融资担保公司提供担保。

（3）协调人社部门，申请旅行社企业缓交职工养老保险、失业保险和医疗保险等，并申请一定期限内（2020 年度内）降低缴纳比例。

（4）请求政府相关部门协调境内外各大航空公司、游轮公司、景区、酒店、地接旅行社，出台相关退改优惠政策，给旅行社退还押金及已出票的无损费用，把旅行社及游客的损失降至最低，给予旅行社行业支持和配合。

（5）因疫情导致的解除与游客合同的问题，请求政府认同游客延期出行，认可旅游企业不予退款的要求，同意旅行社与游客签订“旅游变更合同”，在政府恢复旅游之日起一定期间内，继续履行旅游合同。对于要求退费的游客，旅游管理部门认同旅行社在所收费用基础上，扣除实际产生费用（不可退还的）后，将余额全额退还旅游者。

（6）因疫情产生的纠纷、投诉，政府职能管理部门应帮助旅行社向游客进行安抚和解释，不可采取简单处理办法，以免对旅行社产生不良影响。对于疫情期间的游客投诉，请求旅游监察执法部门在投诉时效及政策方面给予支持。

（7）对抗击疫情有突出贡献、对疫区开展捐赠的旅行社集体给予表彰嘉奖。同时，可返还 2019 年缴纳的部分税费，用于旅行社企业恢复经营、稳定员工队伍，确保企业的稳定发展。

二、报团取暖，整合资源渡难关

此次疫情对旅游业的影响非常大，目前还不能确定延续多久。面对这样一个煎熬期，无论企业规模大小、实力强弱，要想突破当下困境，离不开自力更生这条路。旅行社需要依靠自身的特点、能力寻找出路，才能找到突破危机的方法。

第一，发挥行业协会的作用。集体发声，向政府、行业主管与社会求助，争取获得有针对性、能够落地的政策支持，如减免部分 2020 年度的税费、提供低息或免息贷款等，寻求支持与谅解。

第二，加强旅行社上下游合作伙伴联系。积极沟通，寻求理解，树立共存共生的思想，抓紧协调各类供应商，评估履约风险，共同担负起维护旅行社行业价值的责任。报团取暖，共度时艰，寻求尽快恢复经营的可能性。

第三，举全力维护旅行社产品“供应链”价值。企业管理者需要尽快了解产品和服务上下游状态，了解旅行社与 OTA 平台、酒店、民宿、餐厅、景区点等供应商的合作关系，共同协调商议应对冲突的对策，共同实施一些有效的商户帮扶措施和“商户承诺书”。这对于建立持续性的供应关系大有裨益。

第四，尽快与房屋出租方形成谅解，在减租控成本、谅解求共存等方面形成支持。例如，呼吁政府发布鼓励地产业主帮助旅游企业渡难关的建议书，采用商户租金补贴、物业费减免、减租免租等方式精准惠及中小企业。

第五，采取措施稳定员工队伍。在控薪方面尽快与员工达成共识，保证停业期间员工的基本工资加社保退还，保证员工基本生活需要。争取实施疫情结束后一段时期继续享受缓交“五险一金”的政策，以暖心政策保持员工队伍的稳定。

第六，发挥大旅行社“领头羊”作用。那些有实力、有影响、有品牌、有责任感的平台企业或者大旅行社应挺身而出，牵头呼吁政府对旅行社企业进一步降税减负、加大激励力度，鼓励中小旅行社树立信心、牵头推出一系列行动计划，以共荣共存的企业生态系统思维，肩负起尽快恢复经营的责任。

三、多措并举，救难纾困求生存

目前，虽然国家已密集出台了一系列政策，但是这些政策有的偏重短期策略，更多的政策是基于长期的考虑。对于旅行社来说，当下最重要的是“救急”“救命”，延续企业的生命，让旅行社首先能够生存下来，先立足“活着”方能进一步考虑“活好”。

云南的旅行社绝大多数属于中小规模的民营企业。在正常情况下，中小旅游企业如果没有稳定的现金流收入，最多可以支撑两个月。目前旅行社所有问题都聚焦到资金紧缺和经营活动停滞方面。因此，旅行社要想方设法节流开源，让企业活着，坚持度过煎熬期。为此，企业要做好以下几点。

第一，认真梳理疫情对旅行社现实业务的影响程度。预估疫情持续时限将给企业带来的困难和可控程度，尤其对本企业收入及现金流的把握与否要做出预判，并做出相应预案。

第二，珍惜现金流，用好暂退给旅行社的质保金。国内社 30 万元质保金，出境社 140 万元质保金，按照 80% 退回，可解旅行社的燃眉之急。

第三，对成本做减法，梳理旅行社的成本费用。房屋租金、人力成本、宽带通信费用、贷款利息等是旅行社重要的支出。要把资源优先投入到关键经营活动、稳定重要成员方面，减少不必要的成本投入，降低损耗，严控内部非必要支出，低成本运营，尽量保障现金流安全。

第四，调整预算，实现年度生存目标。调整投资策略和经营策略，以中短期目标为重点来实现企业的稳定和生存，顺利渡过疫情难关。某些有长期投资项目支出的企业，需要重新做出评估，必要时可暂停投资。

第五，对顾客做加法，珍惜已有或潜在的业务订单。对已有的或潜在的业务订单，要盯紧业务不放松，顾客价值为第一，想方设法去完成。要提前研究和部署疫情缓解后的游客新需求，从客单价相对较低、省内游、周边游开始启动，以增加旅游收入。

第六，苦练内功，提升效能。以“效能为中心”强化增长率、人均效率、单位时间效率、利润率、质量、事故率等，提升旅行社组织效能。

第七，拓宽内外部融资通道，解决资金困难。利用以往历史经营业绩强、品牌优、影响大、质量高、评价好的优势，争取获得更多的中长期低息甚至无息贷款，并加大资本扶持力度。股份合作制的旅行社可以通过增资配股的形式解决企业目前的困难。

四、化危为机，东山再起迎阳光

对于旅行社来说，突如其来的疫情无疑是一场危机，其中既有“危情”也蕴含着“机遇”。旅行社作为市场化程度最高、竞争性很强的行业，在几十年的发展中，正是以一种既能挺得住也能活下来的勇气和力量，才能在多次的危机中得到生存与发展。疫情和困难不会因为抱怨、沮丧而消失。广大旅行社必须积极开展自救、他救、互救，找到突破危机求得发展的契机，在逆境中成长。

第一，激活市场需求，信心恢复是关键。市场信心包括行业信心和消费者信心。行业信心可以通过政府出台的一系列政策，以及积极开展一系列有助于市场重振的营销活动等行动，引导旅游供给市场的复苏；消费者信心既取决于消费者在疫情结束后爆发出来的旅游需求，也受到相关部门和旅行社开展的诱惑。在疫情尚未结束期间，旅行社可以通过预告惠民旅游计划、奖励旅游计划、2020 价格优惠计划、慰问旅游计划、暑期亲子游鼓励计划等，引导消费者预设旅游计划，激活旅游需求。

第二，优化产品结构，质量提升是重点。此次疫情会使得人们更加关注自然生态、野生动植物、环境保护、强健身体，安全教育。因此，亲子旅游、研学旅游、自然教育、营地训练、环境教育、康养旅游等方面的产品，在疫情完全结束后将更加受到市场的欢迎。这也是疫情后重点提升品质与转型升级的方向所在。旅行社可围绕自然研学、科普教育、文明生态、环保旅行、“地球之子”等主题进行精心策划，要遵循消费者对健康认知不断提升的要求，优化旅游产品结构，提高旅游产品质量，让“旅游＋学习＋环保＋健康”成为新型的产品形式。

第三，顺应业态变革，协同创新是方向。疫情后，环保、餐饮、健康等关系民生的产业会出现新业态，无接触生产、消费受到青睐，医疗、制药产业将进行创新模式变革，物流产业也需要新业态与新体制，员工参与生产的方式也将发生很大变化。未来，与健康和医疗相关的产业和行业预计会得到长足发展。市场的痛点就是企业的卖点，市场的需求点就是企业的供给点。旅行社需要顺应业态变革趋势，协同创新以实现更好发展。

第四，重塑旅游形象，品牌建设是路径。企业形象不仅仅是危机来临之时组织的一次捐款捐赠行动，而是长期开展的一系列公益活动、科普活动、环保行动、非遗拯救行动等。在疫期尚未结束时，旅行社与政府职能部门就必须共同开展旅游形象重塑计划，要以纪录片或城市宣传片的形式，推进包括旅游目的地和旅游线路产品在内的品牌宣传推广工作，以此来建立云南省的旅游形象和品牌，形成差异化的品牌竞争优势。

疫情是威胁也是挑战，但也是很多企业的重要转折点。只要我们防患于未然、又应变于未然，全力而行，就一定能够恢复元气，获得生存与发展。

马云曾经说过一句话：“今天很残酷，明天更残酷，后天很美好，但是大多数人死在明天晚上，看不到后天的太阳。”希望更多的旅行社企业、旅行社人能够经历今天、体验明天、收获后天，“度冬迎春”，在此次疫情中实现涅槃重生！

准确研判新冠肺炎疫情对旅游业的影响，积极采取正确的应对措施

吕宛青　张　冬

旅游业是一个环境敏感型的产业。这种敏感表现在非常容易遭受境内外突发事件的冲击和影响，从而引发旅游业的衰退和滑坡。此种情形也被称为所谓的旅游危机。任何一次经济的波动或者公共安全事件的发生都会对旅游业产生重大的影响。当旅游业摩拳擦掌为2020年春节黄金周做准备的时候，新冠肺炎疫情席卷全国，几乎全部旅游者取消出游行程，景区关门，饭店、旅行社等行业几乎是零收入。截至2020年2月15日，本次新冠肺炎的确诊人数已经远远高于2003的SARS，多地封城封路、企业延迟开工、居民宅家不出，疫情在影响全国经济的同时给旅游业带来的损失更为巨大，预计将大于SARS疫情对旅游业的影响。

有评论者认为，根据2003年SARS过后旅游行业就迎来了“报复性增长”的经验，此次疫情之后的旅游业也将会在5月份以前得到恢复，更有甚者已经提出用五一假日和暑期假日来达到补损的建议。历史经验可以参考，但是，不能代表未来，对于新冠肺炎疫情，我们必须有更清醒的认识。

一、SARS与新冠肺炎疫情的比较

第一，时间节点角度。2003年4至6月为SARS暴发期，避开了春节人员流动高峰时期，6月“双解除”后，7至9月暑假时机，全国旅游业出现“井喷式”快速复苏，受“非典”深度影响的时间大约是一个季度，第四季度旅游业进入正常发展的阶段。而2020年新型肺炎疫情恰好完整而深远地影响了整个春节黄金周，丧失了长假带来的巨大假日红利，又适逢大规模返乡潮期间，

加大了疫情控制的难度，使疫情影响变得更为深远和不可控。综合来看，本次市场受新冠肺炎疫情影响的程度，将比“非典”时期要严重，微观企业经营状况可能会比 2003 年更为艰难。

第二，影响区域角度。2003 年的云南没有出现“非典”，但旅游业也仍然受到“非典”疫情的影响。全国“非典”疫情解除后，云南给许多旅游者留下了健康旅游目的地的印象，对于旅游业快速恢复起到了积极的作用，而 2020 年新冠肺炎疫情影响区域非常广泛。疫情从武汉一地发生后，逐步扩散到湖北全省乃至全国，带来了区域的整体性危机。在 2003 年没有出现“非典”的云南、西藏等省区都出现了疫情。可以看出此次疫情造成的影响，不只是对一个地区一个行业的影响，而是对全中国全社会的直接影响。

第三，疫情环境角度。2003 年中国正处于加入 WTO 后的全球市场红利期，中美关系因反恐的共同目标而比较温和，我国进出口贸易迅速扩张，国内经济正处于高速发展时期。而当前的经济增长环境、产业结构与政策刺激空间、国内外市场环境等都已发生变化。云南的旅游企业大多属于中小型企业。云南作为一个重要的旅游目的地，以旅游接待为主的市场格局、旅游供过于求的市场状况导致云南处于旅游产业链的末端。旅游企业市场竞争力不强，加之云南省近几年的旅游市场外部环境、市场声誉在短期内给旅游业的发展形成了较大压力。从整体上看，对缓解及应对疫情冲击都相对不利。

第四，涉及系统角度。SARS 与新冠肺炎两次疫情不仅对宏观经济层面产生影响，导致旅游需求骤降，旅游投资、出入境均受明显冲击，社会短期失业上升和物价上涨，而且对中观层面的餐饮、旅游、电影、交通运输等行业造成冲击，更对微观个体的民企、小微企业、企业员工等造成影响。

二、疫情对云南省旅游业影响的研判

此次疫情全面升级后，文化和旅游部接连发文，暂停全国旅游活动。同时，各地方文旅主管部门也积极响应并部署防控工作，各类大型活动一律取消。全国文旅系统内的图书馆、美术馆、文化馆、博物馆等公共文化服务机构已全部关闭并取消文化活动，全国各大旅游景区均已关闭。另外，文艺院团也已取消或推迟演出活动，剧场暂停对外开放。全国从上至下的一致性防范行为对于控制疫情扩展极为有效。

但值得注意的是，本次新冠肺炎疫情还在持续当中，并且预测四月底才会得到有效控制。对于旅游企业来说，后续的疫情如何防控？疫情的影响会持续多久？给旅游企业带来的风险是否可控？旅游服务产业链是否会在此次疫情中发生断裂？部分旅游企业是否倒闭？这些问题对于旅游产业的发展至关重要，也是当下旅游业者最为关注的问题。通过对云南省部分涉旅企业负责人、旅游协会负责人等进行访谈，本文尝试对以上问题进行解读，对疫情带给旅游业的影响进行研判，为未来做好相关应对提供支撑。

第一，本次疫情对旅游业的影响非常直接。由于传染性超乎预估，再叠加春节因素，各地政府相继出台隔离预防等措施。相比其他行业，旅游业受到的影响更为直接，旅游景区、住宿业、餐饮业、旅行社、旅游交通都受到直接的挑战。因此，出台的支持性措施应该具有差异性。

第二，本次疫情对旅游行业各板块的影响存在差异性。相比而言，损失最大的是OTA、旅行社，其次是旅游景区、住宿企业，还有一些其他相关行业。大企业的支撑力好于中小企业，国有企业的抵抗力好于民营企业。未来旅游企业可能会出现洗牌，大范围倒闭现象不会出现。

第三，旅游经济恢复呈现渐进性。旅游经济恢复取决于疫情持续时间，同时还取决于市场的自我修复能力。目前，全国从上到下防范力度空前，抗击疫情力度日益增强，在封城20天后的结果来看，新疫情发生率逐渐减小，但是对旅游业的不良影响已经发生在一季度，新冠肺炎疫情产生的冲击已经形成。当疫情结束之后，旅游经济可能会逐渐回到由基本面决定的正常轨道上来，呈现渐进性特征，期盼2020年五一节就出现增长性复苏的想法太过于乐观。

第四，第三产业仍会继续扩大。目前经济结构继续优化，第三产业贡献突出。2019年全年第三产业增加值占国内生产总值的比重为53.9%，比上一年提高0.6个百分点，高于第二产业14.9个百分点；对国内生产总值增长的贡献率为59.4%。虽然当前疫情发生的时点对第三产业有一定影响，但是第三产业对国民经济的影响和贡献不会因为一次疫情就发生根本性改变。

第五，旅游消费会持续发展。旅游消费会在疫情结束后仍然保持持续稳定发展。从中长期来看，旅游消费成为经济增长主动力的作用进一步巩固，居民旅游消费会更加关注质量提升。康养旅游、医养旅游类产品将受到青睐。旅游服务产业链会在此次疫情中得到完善。

第六，旅游企业的风险部分可控。旅游企业风险包括外部和内部风险。中国目前的旅游需求处于需求不足同时又表现需求旺盛的状态，外部风险通过国家层面、行业层面出台的一系列有利于旅游业恢复的政策可以得到一定化解，有将疫情风险局限在短期的可能；但是企业内部风险的化解需要企业在很大程度上善于通过经济活动的形式转换和时间转移、通过与利益相关者构建命运共同体来进行消化。

第七，疫情短期冲击并不等于长期影响。此次疫情在短期内已经给我国经济带来了明显不利的冲击，旅游、餐饮、娱乐等行业在春节期间的萧条显而易见。但是疫情不同于社会动荡，人类在面对疫情的暴发时并非束手无策，而是会采取有针对性的措施加以应对，疫情在一段时间后会得到消除。2020 年一季度 GDP 增速的大幅下挫是难以避免的，旅游企业受疫情的冲击在短期内也无法回避。但短期影响并不等于长期影响。从年度时间维度来看，疫情期间所占的时间比例有可能不会超过半年，也就意味着疫情的短期冲击可能比较猛烈，旅游经济在非疫情期仍会得到正常运行甚至反而会强于常态。

第八，疫情结束后的企业用工成为大问题。与制造业尽快复工要求不同，云南省旅游企业大多为中小型企业，且不属于要求尽快复工的行业。企业员工的就业问题直接影响到员工对未来的信心。需要警惕一些从业者因为对旅游行业丧失信心，从而退出行业。这对行业将是沉重的损失，也将导致未来旅游产品质量的降低。稳定员工队伍，成为目前的一个重要工作，需要出台稳定员工队伍的相应政策。

从总体上来看，随着各种旅游活动的停止，2020 年旅游业的经济损失已经无可挽回，处于旅游产业链末端的云南旅游业更是不可避免地面临着旅游业全行业的亏损状况。只是亏损程度如何，首先取决于新冠肺炎疫情的控制效果，同时还取决于政府经济政策引导。2020 年是全面建成小康社会的决胜之年，小康社会的目标是稳定预期的重要“定心丸”。从目前国家和各地政府出台的扶助措施来看，政策已经给了市场一颗定心丸，疫情之后的经济反弹是可以预期的。

文旅部门做好疫情防控和疫后产业恢复工作的几点建议

蒙 睿 张煜紫 吴 凡

从2020年1月20日习近平总书记对新冠肺炎疫情做出重要指示，到2020年1月25日，中共中央政治局常务委员会召开会议，第一次集体研究部署新型冠状病毒感染的肺炎疫情防控工作，全国防疫工作的“阻击战”全面打响。2020年1月24日，文化和旅游部办公厅发出紧急通知，即日起全国旅行社及在线旅游企业暂停经营团队旅游及“机票+酒店”旅游产品。随后，文博场馆、景区景点、节庆活动、文艺演出等引起人群聚集的活动全部被叫停，出入境旅游陆续暂停。2020年1月31日，黄坤明部长在中宣部专题视频会议上强调为打赢疫情防控阻击战提供有力舆论支持，并强调要加强文化和旅游经营活动的管理，阻断疫情通过文化和旅游活动、场所传播扩散。2月3日，中共中央政治局常务委员会第二次集体研究部署新型冠状病毒感染的肺炎疫情防控工作，全国防疫工作的“阻击战”向落实落细的人民战争“总体战”跃迁。2020年2月5日，习近平总书记主持召开中央全面依法治国委员会第三次会议强调，全面提高依法防控、依法治理能力，为疫情防控提供有力法治保障。2020年2月6日，文化和旅游部办公厅发出通知，要求各地暂退部分旅游服务质量保证金支持旅行社应对经营困难。2020年2月10日，习近平总书记在北京调研指导新冠肺炎疫情防控工作，强调要以更坚定的信心、更顽强的意志、更果断的措施，紧紧依靠人民群众，坚决把疫情扩散蔓延势头遏制住，坚决打赢疫情防控人民战争、总体战、阻击战。“坚定信心、同舟共济、科学防治、精准施策”为全国疫情防控工作指明了方向和路径。疫情还在继续，疫情防控的拐点还没有出现，云南文化和旅游系统抗击疫情的工作也在不断迭代升级。怎样做到“守土有责、守土尽责”，怎样既有效应对疫情又为疫后产业恢复奠定基础，是需要进行深入思考和研究的问题。通过对抗疫期间全国和云南省文旅相关政策的梳理和总结，本文提出做好文旅系统疫情防控工作和下一步文旅产业恢复阶段工作的几点思考。

2020年春节黄金周，一个近期被正式命名为“新冠肺炎”（Coronavirus disease 2019，COVID–19）的“疫魔”，让传统的春运、春节习俗活动戛然而止。没有了流动性，旅游“冻结”，旅游业躺着中枪。但是，对比2003年“非典”（SARS）期间，2020年文化和旅游系统更加成熟——从国家文化和旅游部到地方文化和旅游局，应对主动从容；全国文化和旅游企业单位，令行禁止，讲政治、有担当；众多导游、领队心有大爱，从海外想尽办法筹购口罩、防护服等防疫短缺物资救急武汉、全国；全国旅游者，成熟理性，脱下“行走的外衣”，以“宅男宅女”的身份一起共克时艰。

习总书记强调“守土有责，守土担责，守土尽责”，是各级文化和旅游部门做好疫情防控工作的根本遵循。文化和旅游部门现阶段参与疫情防控的人民战争、总体战、阻击战，下一阶段要指导行业恢复发展，首要的应该对行业面临的危机有清醒的认识，通过危机的“炼狱”对行业形成更准确的把握，并将对危机发展规律的认识与行业管理有机结合起来，提高整个云南文化和旅游系统对公共事件的治理能力。

一、这是一场由公共卫生事件引发的全社会危机，旅游业全面暂停

流动性被切断，新冠肺炎疫情引发了包括旅游业在内的综合危机。旅游业是之一，不是主要之一，更不是全部，旅游系统要站在经济社会全局来看待问题，不能只站在自己行业的角度来看待问题。外部性危机，发展、演变为旅游业内部危机，要从外部助力和内部发力来渡过旅游业难关。

在这一过程中，要避免把外部性危机“偷换成”内部性危机的错误，把疫情造成的问题说成是旅游系统结构性问题的原因，来老生常谈文化和旅游产业深化改革、转型升级中已经认识、正在解决但还没有完全解决的一些问题。近期收集到的评论、文章中不乏这方面的倾向，要坚决抵制。这样的提法和论断多了，很容易诱导焦躁等待中的文化和旅游企业从业者、受疫情压抑的民众质

疑云南旅游革命取得的成果，不利于既定的旅游业高质量发展三年行动计划、市场整治计划顺利推进。

因此，必须要形成清醒的认识：文化和旅游行业正在遭受的是一场外部性危机；旅游业受损是流动性消失造成的损失，流动性恢复后行业会实现从“0到疫前水平”的恢复。在做好疫情防控工作的基础上，各级文化和旅游部门要把年初全省文旅局长工作会上确定的重点工作落实落细，不可被疫情打乱了阵脚。要围绕总书记春节前夕云南考察时再次强调的“三个定位”一以贯之，坚定信心，凝聚政商学媒正能量，疫情过后推动形成云南全域文旅融合新局面！

二、文化和旅游部门应着力在有限流动性组织和有限流动性节点上发挥作用

流动性消失，让整个经济社会系统戛然而止。这是此次新冠肺炎疫情现阶段给文化和旅游行业留下最深刻的印象之一。旅游流是流动性中的一部分，但是，宾馆饭店、餐饮、交通、商品销售、文体娱乐消费中很大部分流动并不是旅游流，即这些要素产业的发展只是部分依赖于旅游流；但旅游流的健康流动却严重依赖于这些要素产业。这些要素产业有它们的主管部门和管理规则，也有各自产业发展的自身规律。旅游业只有与它们有机融合，只有这些部门在推进工作的过程中主动“+旅游”，旅游业的发展才能起到事半功倍的效果。

疫情防控期间，交通部门对公交、公路、铁路、民航的防控处置高效有力；商务部门对宾馆饭店、餐饮场所的防控处置高效有力；社区网格化管理对社区防控处置高效有力；公安部门对危害公众生命安全的事件处置高效有力；市场监督部门对哄抬物价、制假售假事件处置高效有力……类似的场景、事件，发生在“游客”身上，换成旅游部门去处置，结果显而易见，不再赘述。旅游流只是流动性的一部分，旅游部门只能在有限的流动性组织（如宣传促销）方面发挥主要作用，也只能在有限的流动性节点（如景区景点、度假区、文博场馆等）管理中发挥主要作用。流动性与涉旅要素产业的结合、文化和旅游场景的结合会放大旅游流的规模和影响。旅游流的健康流动，需要在地方政府的有力统筹下，建立类似疫情防控期间的联防联控机制，统一调度、相互协

同，才能真正把全域旅游这条对的路子走好！

回顾疫情发生以来文化和旅游部的反应：1 月 24 日，部办公厅出台暂停旅行社活动和 OTA“机票 + 酒店”业务的通知；2 月 6 日，部办公厅发出退还旅游企业 80% 保证金的政策。很多旅游企业和专家觉得不过瘾，认为还应该在减税降费、金融支撑、人才培训等领域出台更多有利于文化和旅游产业发展的政策。但以上这些都不是文化和旅游部的“土”，文化和旅游部门有的“土”就是这点，守住、主动作为，就是尽责。所以，在疫后产业恢复期，推进全域文化和旅游融合新格局目标过程中，各级党委、政府要深刻认识到旅游业综合产业、需要高位统筹抓的属性，应该把疫情防控期间联防联控的经验和做法运用到抓旅游产业中来，强化“+ 旅游”的全域旅游发展思路。文化和旅游部门在地方联防联控机制支持下，一方面要积极督促、协调相关部门做好要素产业在确保安全、达到健康标准后恢复生产运行；另一方面要主动服务，帮助旅行社、景区、度假区做好安全保障、卫生防护工作，共同为疫后树立云南健康生活目的地新形象奠定基础。

三、依据危机规律，有序制定文化和旅游行业防控和恢复阶段重点工作

相关研究表明，病疫等国际性事件对目的地旅游影响较为深刻，其影响范围较广、持续时间较长，且对入境旅游的影响程度要大于国内旅游的影响程度。从疫情防控大局来看，全国、全球形势依然严峻，守住景区、度假区、文博场馆，管好旅行社、文化节庆活动，阻断旅游流仍是当前文化和旅游系统的第一要务。继续不添乱，守好土尽好责，在思考中静待拐点，在准备中静待“双解除”。

云南疫情的拐点、武汉疫情的拐点、全国疫情的拐点、全球疫情的拐点，相互联系，不可只见云南不见全国，要把云南文化和旅游行业“防控—恢复”工作始终放在全国、全球流动性的大局下来考虑。鉴于武汉是疫情重灾区，把全国的拐点、全球的拐点同步在武汉的拐点上，这样云南确诊人数零增长、云南确诊人数清零、武汉确诊人数零增长、武汉确诊人数清零四个拐点把云南

文化和旅游行业“防控—恢复”时间轴划分为：应急响应、梳理巩固、谋划蓄积、联络推广和启动恢复五个阶段。不同阶段，防控力度、恢复力度投入不同。同时，按照世界旅游组织2003年制定的《旅游业危机管理指南》，沟通、宣传、安全保障、市场研究成为云南文旅部门做好防控和谋划产业恢复应重点把握的几个方面。

（一）应急响应阶段

这是云南省确诊人数零增长拐点出现前的阶段。防控是文化和旅游系统工作的重中之重，不必要的流动性应坚决切断、旅游流坚决切断。我们目前尚处在这个阶段中，整个行业要严防死守。2月10日，海口市文化和旅游局发出酒店、旅馆、民宿可以恢复营业的通知，应该是违背了阶段性规律的，建议云南各级文化和旅游部门不能跟风效仿！

（二）梳理巩固阶段

这是云南省确诊人数零增长拐点到云南省确诊人数清零拐点之间的时间段，防控仍是文化和旅游部门的工作重点。但变被动防控为主动防疫也是此阶段的重点工作。省文化和旅游厅应协同省卫计委组织双方力量协同攻关，研究发布《旅游流全过程疫情防控手册》和《文化和旅游场所恢复营业防疫检查标准》等规范性文件，让要素产业恢复经营有章可循，让云南健康生活目的地形象在疫后有科学标准作为支撑，为后期市场恢复，特别是国际市场恢复打下科学健康的基础。前一阶段，各级文化和旅游部门已经提前部署健康生活目的地形象相关的宣传报道，但主题性还不够突出；及时向相邻友邦、主要海外客源地城市、目的地城市通报疫情和云南文化和旅游行动信息的工作还有待加强。这个阶段也需要各级文化和旅游部门结合财政预算及时调整年度工作预算，给疫后宣传推广提供更多资金支持。

（三）谋划蓄积阶段

这是云南省确诊人数清零拐点到武汉确诊人数零增长拐点之间的时间段，主动防疫成为日常工作和行业习惯。此阶段工作重点开始转向对市场恢复的引导、谋划阶段。鼓励文化和旅游企业按照防控标准创建达标，鼓励企业针对市场变化开发、策划新产品、新活动。现阶段出现的线上文化产品增多、新技术提前赋能等变化值得引导和鼓励；基于民族医药、中医药、户外运动等类型的旅游产品业态应得到鼓励和支持。同时，由于流动性冻结造成的旅游村、旅游户返贫问题，在2020年全面建成小康社会背景下也应得到各级文化和旅游部门重视，及早研究对策供党委、政府决策。2020年年初，特别是疫情中，缅甸、柬埔寨、泰国、越南、老挝等东南亚国家和孟加拉国、巴基斯坦、斯里兰卡、尼泊尔等南亚国家都对我国疫情防控工作表示支持，提供支援；特别是缅甸、柬埔寨、越南与中国的合作关系在习近平总书记推动下又有新的提升。建议省文化和旅游厅和沿边8州市应高度重视，加快推进澜沧江—湄公河旅游城市合作联盟建设、中国中南半岛经济走廊文旅合作、孟中印缅经济走廊文旅合作，在双边、多边经贸合作、人文交流中发挥文旅先导作用。除对外沟通外，各级文化和旅游部门还应关注受疫情影响造成的行程退订、活动取消积压的纠纷事件，要指导督促，既要让游客满意，也要让经营者满意；同时，还应积极代表文化和旅游企业与相关部门协调，解决落实各级政府出台优惠政策中存在的问题。

（四）联络推广阶段

这是武汉市确诊人数零增长拐点到武汉市确诊人数清零拐点之间的时间段，主动防疫成为日常工作和行业习惯。在行业内部蓄积力量的同时，这个阶段的工作重点是做好市场推广和合作伙伴沟通工作。随着各方面流动性加大，产业要素和部分文化和旅游场所的防疫标准不断得到检验和完善，健康生活目的地形象建设落实落细。这一阶段，应加强各层次对外沟通交流工作，特别是海外市场的沟通工作，重视云南省市场份额占比大的国家。建议聘请近期向我国疫情表示支持和提供援助的有关国家相关领导人、政要作为云南文旅大使，利用好联合国生物多样性公约第十五次缔约方大会、第七届中国国际友城大会、上合昆明马拉松、南博会等计划在昆明召开的国际性活动的平台和机会，宣传云南“健康生活目的地”形象。

（五）启动恢复阶段

这是武汉市确诊人数清零拐点之后的阶段，可能也会是国家文化和旅游部全面恢复旅游业务、世界卫生组织撤销“国际突发卫生事件”（PHEIC）警告“双解除”后文旅产业恢复发展阶段。在这个阶段，省文化和旅游厅应整合16个州市力量，全力传播推广云南“健康生活目的地”新形象，把“多样云南—健康生活目的地”“有一种度假叫云南”等疫后云南文化和旅游新形象推送到客源地旅行商和旅游者面前。在继续推进年度工作计划的同时，各级文旅部门应着手表彰一批在疫情防控期间有突出表现的个人、企业、单位、媒体、海外友好机构等，倡导行业正能量，树立“暖心”行业形象！

项目策划：段向民
责任编辑：武　洋
责任印制：孙颖慧
封面设计：武爱听

图书在版编目（CIP）数据

疫情防控常态化背景下的云南文化和旅游发展研究 / 云南省旅游规划研究院暨中国旅游研究院昆明分院编著. -- 北京 : 中国旅游出版社, 2022.4

（云南旅游发展研究丛书）

ISBN 978-7-5032-6631-7

Ⅰ. ①疫… Ⅱ. ①云… Ⅲ. ①文化发展－云南－文集 ②旅游业发展－云南－文集 Ⅳ. ①G127.74-53 ②F592.774-53

中国版本图书馆CIP数据核字(2021)第273537号

书　　名：疫情防控常态化背景下的云南文化和旅游发展研究

作　　者：云南省旅游规划研究院暨中国旅游研究院昆明分院　编著
出版发行：中国旅游出版社
（北京静安东里6号　邮编：100028）
http://www.cttp.net.cn　E-mail:cttp@mct.gov.cn
营销中心电话：010-57377108，010-57377109
读者服务部电话：010-57377151
排　　版：北京旅教文化传播有限公司
经　　销：全国各地新华书店
印　　刷：三河市灵山芝兰印刷有限公司
版　　次：2022年4月第1版　2022年4月第1次印刷
开　　本：720毫米 ×970毫米　1/16
印　　张：12.5
字　　数：188千
定　　价：49.80元
ISBN　978-7-5032-6631-7